東武沿線の不思議と謎

高嶋修一・監修
Shuichi Takashima

JN181555

JIPPI Compact

実業之日本社

「はじめに」にかえて

通常、「はじめに」には本の紹介を書くべきかもしれないが、監修にあたって本編の原稿を読むうちに私もまぜてほしくなったので、ひとつ本編にないエピソードを披露したい。

＊　＊　＊

東武東上線の駅名にもなっている森林公園。正式には国営武蔵丘陵《むさしきゅうりょう》森林公園といい、五〇〇本ものカエデ園や、梅・桜などの花木園など多数の植物があるほか、サイクリングコースやアスレチックも充実している。そんな公園が、じつは明治百年を記念した施設であることをご存じだろうか。

高度成長の波に乗って一九六四（昭和三九）年の東京オリンピックを成功裡に終えた政府は、続く国家的イベントとしてふたつのプロジェクトを掲げた。ひとつは一九七〇（昭和四五）年開催の大阪万博。そしてもうひとつが、明治百年記念事業であった。前者は今でも語り草となっているが、後者は知らない人も多いだろう。それは、事業が必ずしも国民的な支持を得ることができず、尻すぼみに終わってしまったためかもしれない。

反対のおもな根拠は、日本の近代史を振り返れば手放しで祝えないというものであった。戦時中の皇紀二六〇〇年記念行事を思い出させる、という意見もあった。そもそも明治百年とはいつなのか、という疑問も出てきた。大政奉還勅許《たいせいほうかんちっきょ》は一八六七年だが明治改元は一八六八年であり、何をもって明治の起源とするのか、それに数え計算か満計算かによっても時期が変わるではないかというふうに、さまざまな議論を呼んだのだ。

結局、太陽暦の一八六八年一〇月二三日に明治と改元したのを根拠に、一九六八年の同日が明治百年ということになり、政府が記念式典を行なった。記念事業としては全国での講演会や記念植樹、「青年の船」の航行などが行なわれ、いわゆるハコモノとしては千葉県に国立歴史民俗博物館が設置された。こうした動きの一環が森林公園の造成だった。

都心から北西に六〇キロほど離れた、埼玉県比企《ひき》郡滑川村と熊谷市にまたがる三三〇ヘクタールが用地に決定したのは一九六七(昭和四二)年。その後、面積は一割ほど縮小しつつ、一九七四(昭和四九)年の開園にこぎつけたのである。東武鉄道が森林公園駅を開設したのはそれより少し前の一九七一(昭和四六)年三月。公園の開園を待ちきれなかった、のではなく隣接する車両基地の完成に合わせての開業だった。

*　*　*

このような東武を切り口とした地理や歴史にまつわる謎解き話が、本編には目白押しだ。通して読んでもよし、興味がひかれる項目を拾い読みするもよし。本書を通し、沿線を旅する気分で楽しんでもらえれば幸いである。

二〇一五年一〇月　高嶋修一

東武沿線の不思議と謎《目次》

第一章 行って確かめたくなる不思議駅

01

第二章 地図を見ると「？」が浮かぶ 路線の謎

02

第三章 東武沿線の変化がわかる 都市開発史

03

第四章 沿線で見つけた！ 不思議スポット

04

第五章 駅員さんに聞いてみたい！ 東武鉄道のヒミツ

05

第六章 辿れば土地の歴史が見えてくる 地名の由来

06

◎凡例　各項目見出し下には、最寄駅の駅名と東武鉄道の駅ナンバリングが示されています。アルファベットは TS ＝東武スカイツリーライン（亀戸線と大師線を含む）、TI ＝伊勢崎線（佐野線と小泉線と桐生線を含む）、TN ＝日光線（宇都宮線と鬼怒川線を含む）、TD ＝東武アーバンパークライン（野田線）、TJ ＝東上線（越生線を含む）を、数字は駅番号を表わしてします。
本文中の利用客数（乗降員数）は東武鉄道ホームページによっています。

カバーデザイン・イラスト／杉本欣右
本文レイアウト／Ｌｕｓｈ！
本文図版／イクサデザイン

第一章
行って確かめたくなる不思議駅

ホント!? 券売機も改札もない駅が存在する

TS
51

大師前
だいしまえ
Daishimae

電車の乗降の際には、乗車券（切符やＩＣカード）で、改札を通過するのがふつうである。しかし、東武鉄道には、券売機はおろか、改札も設置されていない駅がある。大師《だいし》線の大師前《だいしまえ》駅である。

大師線は東武スカイツリーライン（伊勢崎《いせさき》線）の西新井《にしあらい》駅と大師前駅の一駅を結ぶ全長一・〇キロメートルの路線で、乗車時間も二分あまりしかない。

この路線の終点となる大師前駅の乗降人員数は、一日平均一万三五一六人だ。現在の駅舎は一九九三（平成五）年に完成したもので、ホームをドーム状の屋根が覆い、西新井大師の本堂や塀に見られる木組みに漆喰《しっくい》の壁をイメージした和風のデザインとなっている。西新井大師側の改札を出て右に曲がると、もうそこが境内である。西新井大師への参詣客の多くがこの駅を利用するのだが、不思議なことに、すべての乗客が乗車券を持たずに電車を乗り降りする。では料金の精算はいったいどうしているのだろうか。

じつは、乗車券の購入と出改札は西新井駅で行なわれている。大師線は一駅しかなく、

西新井大師側と反対側の改札口。改札機の代わりに区切りがあるだけで、駅員の姿もない。

乗客は必ず西新井駅を経由するため、この駅の連絡通路に券売機と改札機を設置しているのである。

大師前駅の開業は一九三一（昭和六）年だが、大師線がこのような形式を取るようになったのは、一九七二（昭和四七）年のことだ。西新井駅に東武鉄道ではじめての自動改札機が導入されたときに、大師前駅の出改札業務をそっくり同駅へ移管して大師前駅を無人化した。

無人駅といえども通常は、整理券や乗車駅証明書を持ち、下車時に車掌に渡すか、改札口で回収されるのが一般的だ。乗車券を持たないままホームを自由に出入りできる大師前駅は、全国的にも珍しい駅のひとつである。

勾配のない柏駅でスイッチバックが行なわれる不思議

TD
24
柏
かしわ
Kashiwa

大宮《おおみや》～船橋《ふなばし》間を結ぶ東武アーバンパークライン（野田《のだ》線）は、都心から三〇キロメートル圏の北側を半周する環状線として知られている。その野田線とJR常磐《じょうばん》線は、千葉県北西部の中心駅である柏《かしわ》駅で接続している。

柏駅は、駅舎がデパートと一体化しており、周辺の商業施設が充実していることから、二〇一四（平成二六）年度の一日平均乗降客数は東武が一三万八四七八人、JR東日本が一一万九六七一人と、若者を中心に多くの利用客でにぎわいを見せている。

このうち、東武の柏駅は野田線の終端というわけでもないのに、なぜかホームが頭端式で行き止まりになっている。そのため大宮方面と船橋方面に向かう電車は、来た方向へ再び戻るスイッチバックを行なっている。

スイッチバックとは、もともと急勾配対策の手段として生まれた独特の方式である。かつて動力車の主力が、登坂力の弱い蒸気機関車であった時代、坂の途中にやむを得ず駅を設置しなければならない場合に、この方式が使われていた。登坂力の強い電車が主力とな

柏駅のホームの構造

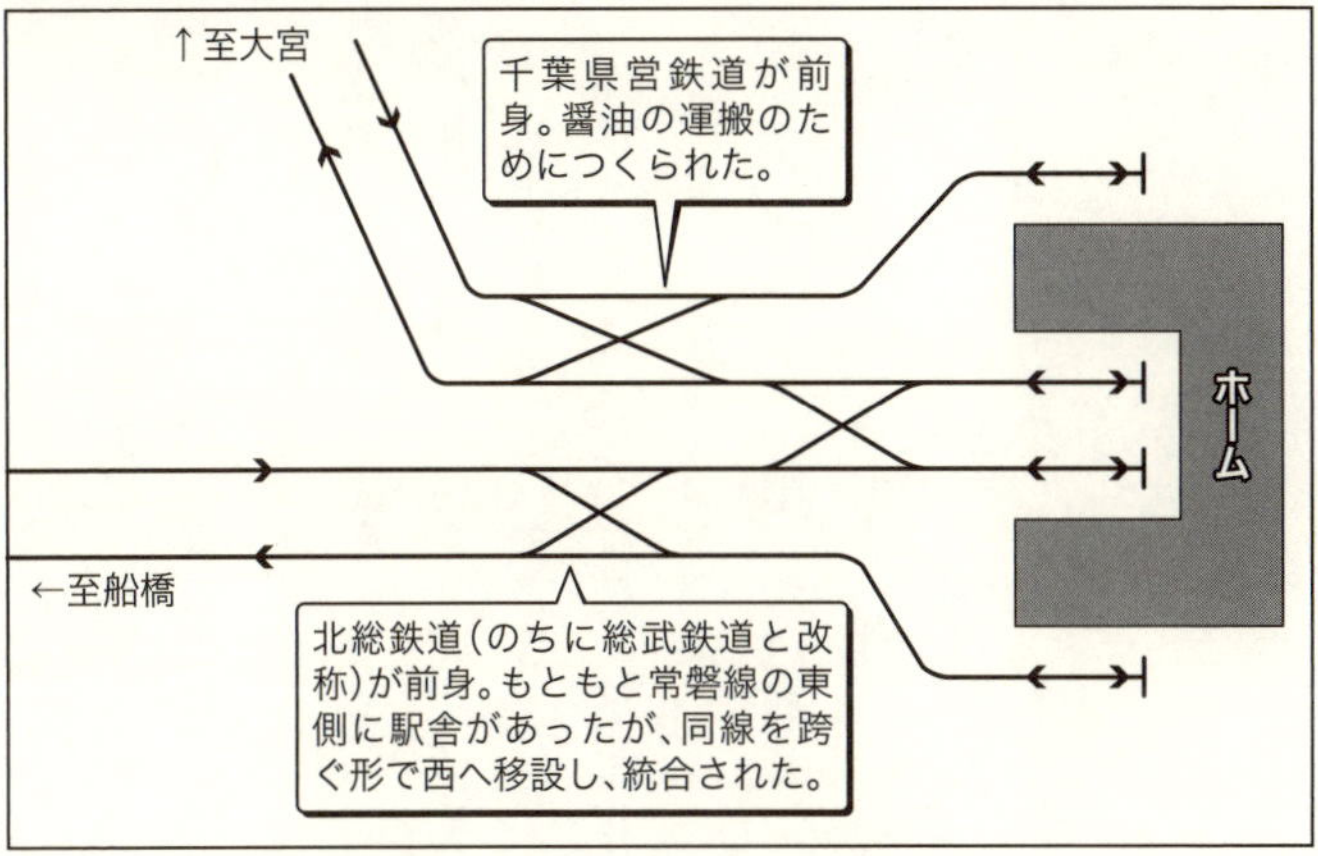

ホームは上から見たとき「コの字型」をしている。柏駅を起点とするふたつの鉄道会社がつながったため、途中駅ながら頭端式ホームとなった。

った今日では、姿を消した所も多い。

このように急勾配を登るための仕組みであるはずのスイッチバックが、なぜか平地にある柏駅で行なわれているというから、不思議である。その理由は、野田線の成り立ちに起因する。

駅統合によって誕生したスイッチバック駅

野田線のの歴史をさかのぼれば、ふたつの鉄道会社に行き着く。

野田の醤油《しょうゆ》を運搬するために一九一一（明治四四）年に開業した柏～野田町（現・野田市）間を走る千葉県営鉄道と、一九二三（大正一二）年に柏～船橋間で開業した北総《ほくそう》鉄道である（京成高砂《けいせいたかさご》～印旛日本医大《いんばにほんいだい》間を結ぶ現在の北総鉄道とは別の会社）。

当初、千葉県営鉄道の柏駅は現在のＪＲ常磐線の西側に、北総鉄道の柏駅は東側にそれぞれ位置しており、両線の線路は接続していなかった。

しかし一九二三年（大正一二）に千葉県営鉄道は北総鉄道に譲渡され、船橋～野田町間の鉄道はひとつの会社となった。だが、線路がつながっていなかったため、統合当初は乗客や貨物の移動に手間や時間がかかる不便な状況だった。

それが改善される転機となったのが、一九二九（昭和四）年～一九三〇年である。一九二九年一二月に電化が行なわれ、北総鉄道から総武《そうぶ》鉄道へと改称。さらに翌年一〇月までに野田町～大宮間が全線開業した。

こうして現在の野田線が全通したのに合わせて、船橋方面の線路（旧・北総鉄道）を、常磐線を跨《また》ぐ形で東側から西側へ移設し、柏駅を統合することになった。この際、線路が西側の柏駅（旧・千葉県営鉄道）へと引き込まれる形になったために、平地でのスイッチバックが見られる珍しい駅が誕生したのである。

上りホームと下りホームが一直線になっている駅を発見！

TS
12

梅島
うめじま
Umejima

東武スカイツリーライン（伊勢崎線）の梅島《うめじま》駅は、一九二四（大正一三）年一〇月に開業した歴史的にも古い駅である。明治時代の町村合併のときに、現在の駅の南側にあった「梅田《うめだ》村」と、北側にあった「島根《しまね》村」のふたつの地名をつないで「梅島村」が誕生し、駅の名前にもこれが採用されたという。

この駅は、ほかではあまり見ることのできない珍しいホーム配置になっている。ホームの配置は一般的に、一本の線路に片面ホームひとつだけが接する「単式ホーム」、二本の線路がふたつの片面ホームに挟まれる「相対式ホーム」、二本の線路にひとつの両面ホームが挟まれる「島式ホーム」などに分類される。

しかし梅島駅はこのいずれでもない。二本の線路に挟まれた島式ホームの形をしているが、両面ホームではなく、片面ホームが縦にずれて一直線に並ぶ。長いホームの北千住《きたせんじゅ》寄りに上り線専用の片面ホーム、西新井寄りに下り線専用の片面ホームがあるのだ（一九ページ上図参照）。

もともと梅島駅は二本の線路をふたつのホームが挟む相対式ホームだった。しかし、一九九六（平成八）年の北千住〜西新井間の複々線化に伴う改良工事の結果、現在の形となった。東武鉄道によれば、限られた用地のなかで増線されたため、このようなホームを採用することになったのだという。

撮影の名所が、撮影禁止に

特徴的なホームを持つ梅島駅は、鉄道ファンの間では知られた駅のひとつである。一直線となっている梅島駅のホーム端からは列車を撮影しやすく、鉄道誌に掲載されたことがあるなど、鉄道ファンの撮影スポットだった。

また、東京スカイツリーが一望できる駅となったために、ホームから撮影する乗客が増加した。ところが、駅の周りは住宅が密集しており、近隣住民からプライバシーが侵されるという苦情が少なからず寄せられた。

結果、二〇一四（平成二六）年一〇月より、ホームからの東京スカイツリーの見学・写真撮影は全面的に禁止され、かつて撮影の名所となっていたホーム端には、現在、撮影禁止の案内が掲示されている。

梅島駅のホーム構造

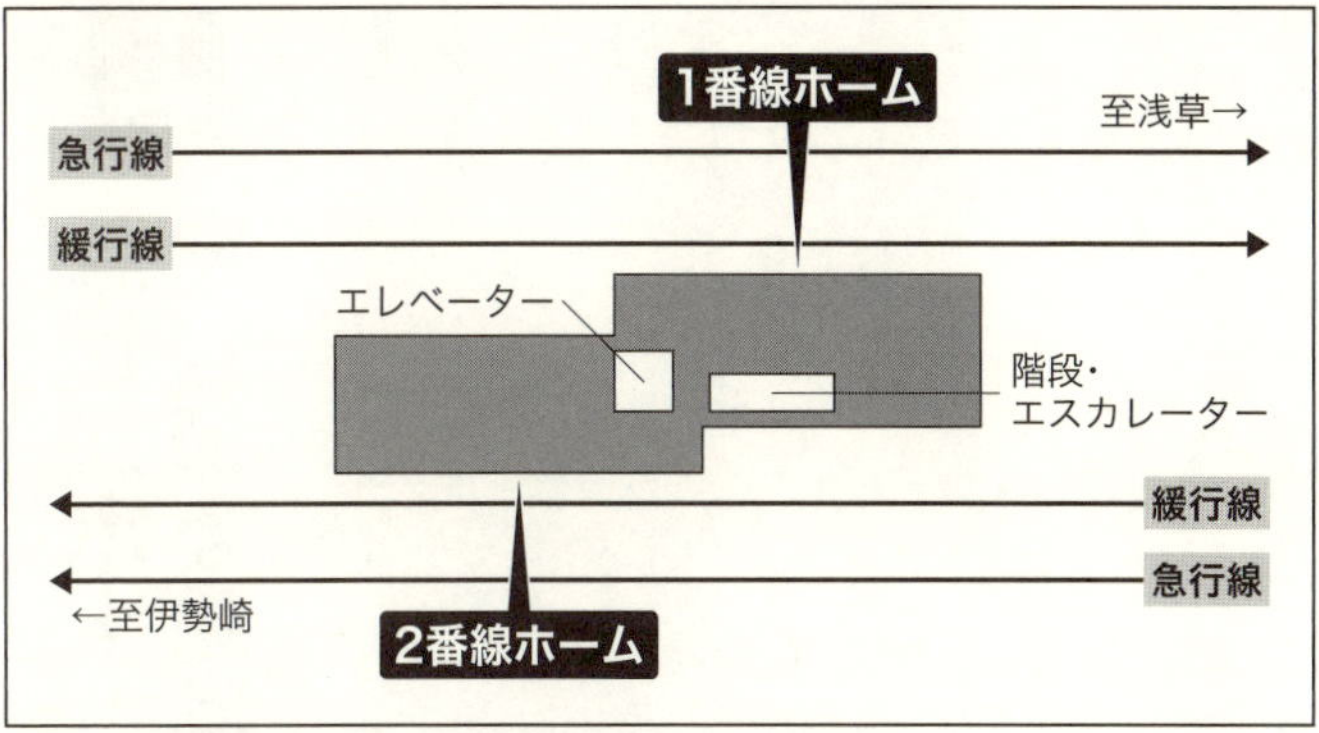

ホームの形は厳密にいうと一直線ではなく、1番線と2番線の境のあたりでずれていることがわかる。

2番線ホームから1番線を見たところ。1番線で下り線の列車が止まる位置がはっきりわかる。

なぜかホームの下に窓がある東向島駅の謎

TS
05

東向島
ひがしむこうじま
Higashi-mukōjima

東武スカイツリーライン（伊勢崎線）の東向島《ひがしむこうじま》駅の駅名標には、「旧玉ノ井《たまのい》」の文字が併記されている。東向島駅は一九〇二（明治三五）年に「白髭《しらひげ》」駅として開業し、一九二四（大正一三）年に「玉ノ井」に改称、一九八七（昭和六二）年には「東向島」となって今日に至っている。この二度目の駅名変更時に、自治体から「玉ノ井」という名前を残してほしいという要望があったため、括弧《かっこ》書きで旧名が併記されているのである。

このように駅名標にわざわざ旧名が表記されているだけでも十分珍しい駅といえるが、東向島駅にはもうひとつ珍しい場所がある。ホームの下、通常は転落時の避難スペースとなっている場所が壁になっており、なんとそこに窓が付いているのだ。人の頭ほどの大きさの小さな窓が八つ、二番線ホームの浅草寄りに設置されている。いったい何のためにこのような場所に窓が設置されているのか。

じつはこの駅の真下には、東武博物館があり、これはその窓なのだ。東武博物館は、一九八九（平成元）年五月二〇日に東武鉄道創立九〇周年を記念して開館した。館内には東

1番線から見た2番線の浅草寄りホーム。通常あるべき退避スペースの代わりに、8個の窓がとり付けられている。

武鉄道の歴史や文化、役割を紹介する展示物がある。それ以外にも、交通の仕組みを実際に見て、体感することができるコーナーが設けられており、ホーム下にある窓はそのひとつなのだ。

窓があるのは「ウォッチングプロムナード」と呼ばれるコーナー。設置された窓から外を覗くことで、通常では体感できない至近距離から、実際に走る電車の車輪やモーター、レールの継ぎ目などを観察できる。なかなか撮影することができない電車下部の写真を撮ることもでき、鉄道ファンに限らず人気のコーナーとなっている。

一見すると不思議なホーム下の窓だが、東向島駅を走行する電車をじかに観察できるアイデアが詰まった窓なのである。

鉢形駅の駅舎は水車小屋がモチーフ

TJ 36
鉢　形
はちがた
Hachigata

東武東上線の鉢形《はちがた》駅がある埼玉県寄居《よりい》町鉢形は、戦国時代から小田原《おだわら》の北条氏康《ほうじょううじやす》の四男・氏邦《うじくに》を城主とする鉢形城の城下町として栄えた。江戸時代には、毎月三と八の日には、六斎市《ろくさいいち》（月に六度開かれる定期市）が立っていたと『新編武蔵風土記稿《しんぺんむさしふどきこう》』は記す。一八七三（明治六）年に鉢形村となり、一九五五（昭和三〇）年、寄居町に吸収合併された。

鉢形駅が開業したのは一九二五（大正一四）年七月のことだ。現在は一日の平均乗降客数が一〇〇〇人強で、東上線三八駅中三六位と利用者が少ない駅だが、開設から九〇周年を迎えた二〇一五（平成二七）年三月、老朽化した駅舎の全面リニューアルが完了した。

新駅舎の外観は、前面が下見板張りでひと際目を引くデザインである。これは「水車小屋風の駅舎」をイメージしている（写真参照）。モチーフとされたのは、駅の近隣施設である「埼玉県立 川の博物館」に屋外展示されている大水車だ。この水車は直径二三メートル、水輪幅二・一メートルと、国内第二位の大きさを誇る。

また、方形《ほうぎょう》屋根の棟部分には駅のオリジナルロゴマークが配置され、入口にも同様のロ

鉢形駅の外観。水車小屋風のデザインは和の趣がある。出入口の上部に見えるのがロゴマーク。

ゴマークが入った暖簾《のれん》がかけられている。

ロゴマークには、大水車と周辺を流れる荒川、そこに生息するカワセミといった駅周辺の観光資源がデザインされている。この「駅独自」のロゴマークの作成は、東武鉄道でははじめての試みだ。今のところほかの駅でロゴマークをつくる予定はなく、鉢形駅は東武鉄道全二〇五駅で唯一のロゴマークを持つ駅となる。

東武鉄道によると新駅舎は、利用客からは綺麗になってよかったと好評を得ているという。外観はもちろんのこと、非水洗だったトイレを水洗に換え、ベンチを新設するなど設備も整えられた。同社はこのリニューアルを契機に、地域に根ざした駅として地元の観光につなげたいとしている。

春日部駅になぜ二、五、六番線がないのか？

TS 27　TD 10

春日部
かすかべ
Kasukabe

テレビアニメ「クレヨンしんちゃん」の舞台として、一躍有名になった市、それが埼玉県春日部《かすかべ》市だ。人口約二四万人（平成二七年七月時点）と埼玉県内では七番目に大きい都市である。春日部駅は、その春日部市の玄関口として、東武鉄道開業と同じ一八九九（明治三二）年に開設された。

当初の駅名は、今と漢字が異なる「粕壁《かすかべ》」だった。「春日部」は、一九四四（昭和一九）年に隣接する内牧《うちまき》村と合併する前まで粕壁と表記されており、駅名はそれに従っていたからだ。歴史をさかのぼれば「かすかべ」の表記は何度も変わっていることがわかる。平安時代の末頃より春日部氏という武士がこの地に住んでいたことから「春日部」と名付けられたといわれ、その後、戦国時代には「糟ヶ邊」「糟壁」、江戸時代には「粕壁」となった。それが昭和の合併に伴い、原点回帰のような形で「春日部」に戻されたのである。

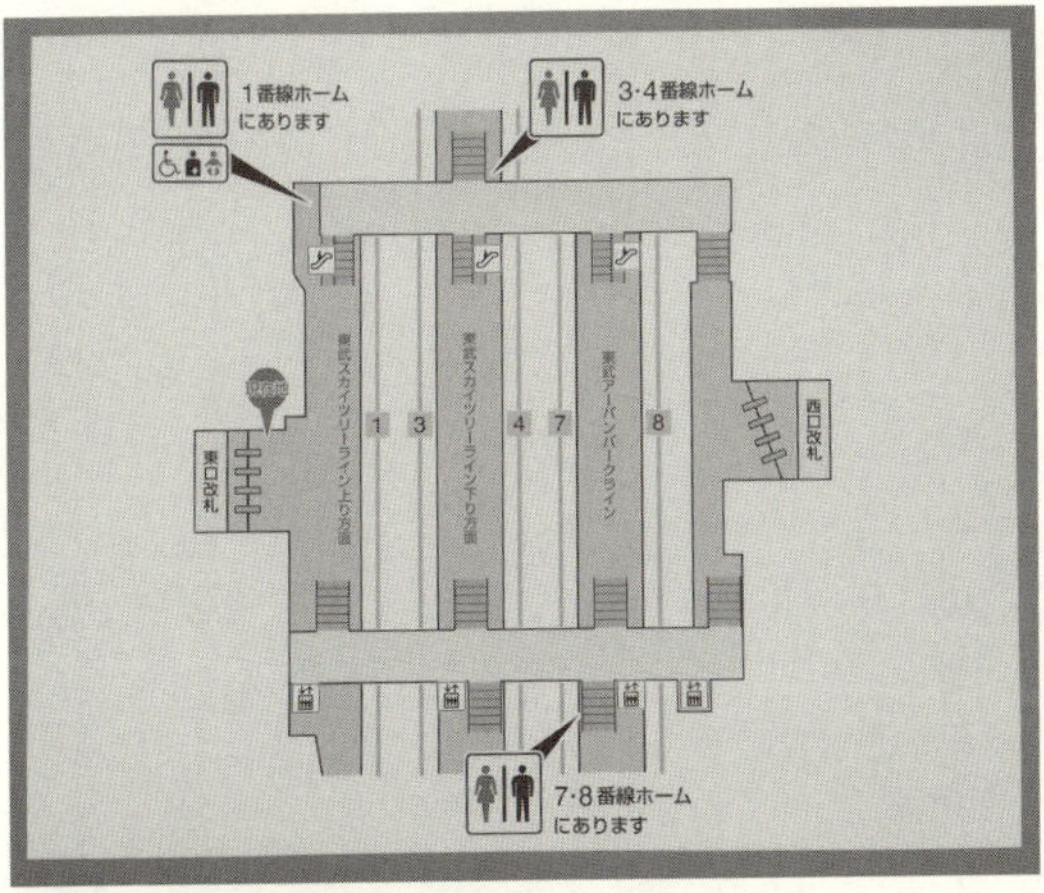

春日部駅の構内案内図。東口改札側から順に1番線、3番線、4番線、7番線、8番線と表記されている。

4番線ホームから見た5番線（中央部）。回送電車の発着で用いられる。写真の右側、人が立つのは7番線、8番線ホーム。

欠番のある不思議なホーム

春日部駅は、東口、西口とホームがふたつの跨線橋《こせんきょう》で結ばれており、北側の橋の骨組みには古レールが再利用されている。木造の柱や石畳のホームなどが昭和の面影を残しており、どこか懐かしさが感じられる。また一方で、東武スカイツリーライン（伊勢崎線）と東武アーバンパークライン（野田線）が接続しているため、活気ある駅でもある。

特徴的な三角屋根を見ながら駅に入り、案内図を見てみると、そのホーム番線が不可解なことに気付くだろう（前ページ上写真）。八番線まであるホームのうち、二、五、六番線がどこにも見当たらないのである。片面ホームの一番線が伊勢崎線の上りで、島式ホームの三、四番線が同線の下り、同じく島式ホームの七、八番線は野田線のホームとなっている。実際にホームに下りてみても、見つけることができず、戸惑うばかりだ。

じつは、このうち二番線と五番線は存在している。二番線はホームに面していない中線（上下線のあいだにある線路）で、五番線は四番線の側線（本線の外側にある線路）である。これらは回送列車の発着用として利用されている。

ただ、六番線は存在しない。かつてはあったのだが野田線のホームを拡幅した際に旧六番線の線路を撤去し、旧六番線を七番線としたため、欠番扱いとなっているのである。

牛田駅と京成関屋駅はどうして向かい合わせで建っている？

TS
08

牛田
うしだ
Ushida

足立《あだち》区千住曙町《せんじゅあけぼのちょう》の辺りには、江戸時代、牛田圦《うしだいり》と呼ばれた農業用水路があった。業平《なりひら》から四ツ木橋《よつぎばし》へ抜ける曳舟《ひきふね》用水の一角であり、かつてはここに舟を入れて荷を運んでいたが、今では暗渠《あんきょ》となり、その上を車が往来している。

隅田川や綾瀬川が流れるこの地域は、名勝の地としても知られていた。とくに隅田から千住河原《せんじゅかわら》までの地域一帯は、江戸時代に「関屋《せきや》の里」と呼ばれ、葛飾北斎《かつしかほくさい》の浮世絵『富嶽三十六景』にも「隅田川関屋の里」として描かれている。

この関谷の里に、一九三二（昭和七）年九月に開業したのが、伊勢崎線（東武スカイツリーライン）の牛田《うしだ》駅だ。

一〇〇メートルと離れていないふたつの駅

関屋の里には、牛田駅のほかにも駅がある。牛田駅裏の路地を一本挟んだ向かい側、一〇〇メートルと離れていない場所に建つ京成電鉄の京成関屋《けいせいせきや》駅だ。

京成関屋駅の開業は一九三一（昭和六）年と、東武の牛田駅より一年ほど早い。なぜ、東武鉄道はこれほど近い距離に牛田駅をつくったのだろうか。

その理由はそばを流れる荒川《あらかわ》にある。荒川はその名の通りの暴れ川として古くから知られ、周辺はたびたび水害に見舞われていた。治水は何度となく行なわれてきたが根本的な解決には至らず、一九一〇（明治四三）年八月に関東地方を襲った豪雨を機に、荒川放水路の建設が決定した。

このとき東武は鐘ケ淵《かねがふち》〜北千住間の線路の移設を余儀なくされた。そして、もともと菖蒲園《しょうぶえん》の最寄り駅として現在地より東北にあった堀切《ほりきり》駅は、荒川放水路の建設予定地上に建っていたため移設され、菖蒲園と川を隔てて離れることになった。

その後、菖蒲園への最寄り駅は、一九三一年に京成電鉄が開業した堀切菖蒲園《ほりきりしょうぶえん》駅となった。すると東武鉄道は菖蒲園へのアクセスを再び確保する方法を模索。翌年、京成関屋駅の向かいに牛田駅を開業して、同線との連絡を図ったのである。

このような経緯ですぐ近くに建てられたふたつの駅だが、二〇一四（平成二六）年度の一日の平均乗降員数は、牛田駅が二万二七二三人、京成関屋駅が二万四七〇八人と多くの乗換客で賑わいを見せており、両線の利用者にとって欠かせない存在となっている。

京成線の京成関屋駅のさらに奥から見た牛田駅。京成関屋駅の柱の影から牛田駅がわずかに見える。

葛飾北斎画『富嶽三十六景』より「隅田川関屋の里」。旅を急ぐ三人の男性の奥に富士山が描かれる。

切符をお求めになるときは、駅ではなく民家で！

TI
51

三枚橋
さんまいばし
Sammaibashi

群馬県太田《おおた》市にある桐生《きりゅう》線の三枚橋《さんまいばし》駅は、駅員がおらず自動券売機も設置されていない（ただし、改札はある）。

では、この駅で乗車券を手に入れるにはどうするのかと疑問に思うだろう。なんと意外にも、近隣にあるごく普通の民家で購入しなければならないのである。よく見ればその家の前にはしっかりと「きっぷ販売所」の看板が立っている。

通勤や通学、どこかへ遊びに出かける際など、毎日何気なく利用している「駅」だが、その種類について考えたことがあるだろうか。

私たちが普段利用している旅客用の駅は、駅員配置のあり方におおまかに四つに分類することができる。

まず、駅を運営する鉄道事業者直属の係員が配置された「直営駅」。乗車券の販売や集改札業務を別の組織に委託している「業務委託駅」。駅員が配置されていない「無人駅」。さらに、無人駅で乗車券の販売を個人商店や地元の団体などに委託している「簡易委託

「駅員配置のあり方」における駅の分類

直営駅	業務委託駅
鉄道会社の正規社員が駅の業務を行なうタイプの駅。要員規模は各駅によって異なるが、駅長と副駅長、助役（または係長）、一般社員が配置されている。	運転業務を除く業務が、鉄道会社から委託されているタイプの駅。利用者が直営駅との違いを見分けるのは難しいが、鉄道会社の制服を着用していない場合がある。
無人駅	**簡易委託駅**
鉄道会社の駅員が常駐しないタイプの駅。ただし、東武鉄道大師線の大師前駅のように、混雑が予測される一定の期間だけ駅員が配備されることもある。	出札業務（乗車券の販売など）が鉄道会社から自治体または商店、個人などに委託されているタイプの駅。そのため、駅員は配置されていない。

駅」である（上図参照）。

三枚橋駅はこのうちの四番目にあたる簡易委託駅だったというわけだ。東武鉄道によると、もともとは駅員がいたが、駅の無人化に伴って委託販売を行なうようになったのだという。

じつは東武鉄道には、このように近距離の委託店にて乗車券の販売を行なっている駅が、三枚橋駅を含めて一七駅もある。

都会に住む人は、駅といえば駅員が必ずおり、自動券売機や自動改札機がずらりと並んでいる様子を思い浮かべるかもしれない。しかし、全国にはこのように民家や床屋、蕎麦屋といった委託店で乗車券を購入するユニークな駅が数多く存在しているのである。

池袋駅の発車メロディはなぜクラシック音楽になった!?

TJ
01

池袋
いけぶくろ
Ikebukuro

多くの駅では、電車の発車や接近を知らせるために、いろいろなメロディが流れる。かつてはベルやブザーが鳴らされていたが、一九九〇年代以降、爽やかな音色のメロディを流すことが多くなった。また、地域ゆかりのご当地メロディも導入されている。ベルやブザーの音では、いかにも急き立てるようだが、メロディなら乗客を気持ちよく促すことができるという心遣いから採用されるようになった。

そんななか、東上線《とうじょう》の池袋《いけぶくろ》駅では、二〇一五（平成二七）年六月一四日より、これまで使用されていた発車メロディをクラシック音楽に変更している。

それまで一・二番ホームでは「Ｐａｓｓｅｎｇｅｒ」、三・四番ホームでは「Ｍｅｍｏｒｉａ」、五番ホームでは「時ジロウ２０」と、そのほかの東武鉄道の駅でも使用されている、電子音のメロディが流れていた。それらがすべて一新され、一・二番ホームではヴォルフガング・アマデウス・モーツァルト作曲の「ディベルティメント　Ｋ.《ケッヘル》１３６」、三・四番ホームでは同じくモーツァルト作曲の「アイネ・クライネ・ナハトムジーク」、五番ホームではルートヴィヒ・ヴァン・ベートーヴェン作曲の「交響曲第6番『田園』」が流れている。クラシック音楽のイメージを損なわないよう、メロディをアレンジせず、原曲を忠実に再現している点もほかの駅とは異なる特徴だ。

発車メロディをクラシック音楽へと変更した背景には、豊島《としま》区の芸術への取り組みがある。

芸術・文化の街へと変貌

一九八八（昭和六三）年に池袋を中心に東京国際演劇祭が開催されて以来、豊島区は演劇などの芸術方面への取り組みに力を入れてきた。地域文化の新興という点から区の重点施策として位置付けたのである。新宿《しんじゅく》、渋谷《しぶや》に対抗するという街おこしの側面もあった。

一九九〇（平成二）年には、池袋の東京芸術劇場を会場として「としま区民芸術祭」がはじめて開催された。音楽、演劇、映画と、幅広い分野に渡る芸術祭は毎年開催され、今日まで続いている。今では週末になると、音楽祭や演劇などのイベントが頻繁に開催されており、街を上げての芸術文化への取り組みは着実に地域に根ざしている。

東武鉄道池袋駅の発車メロディのクラシック音楽の起用もまた、「芸術文化創造都市・池袋」ならではの文化振興への試みのひとつだったのである。

石灰輸送の拠点駅が、最新のメガソーラー施設に！

TI
39

葛生
くずう
Kuzū

群馬県館林《たてばやし》市と栃木県佐野《さの》市を結ぶ佐野線は、もともと葛生《くずう》で産出される石灰石の輸送を目的としていた安蘇《あそ》馬車鉄道が前身である。のちに佐野鉄道となって蒸気列車を運行し、これを一九一二（明治四五）年に東武鉄道が吸収合併して東武佐野線となった。

終点の葛生駅は、一九八〇年代まで貨物輸送の拠点として隆盛を極めた。構内には面積が一万六〇〇〇平方メートルに及ぶ貨物ヤード（車両の入れ替えや列車の組成を行なう場所）があり、東武大叶《おおがの》線、東武会沢《あいさわ》線、日鉄鉱業羽鶴《はねづる》専用鉄道といった貨物線が北へと延び、石灰やセメントなどを輸送していた。

その全盛期には駅員が八〇人以上も所属し、二〇本もの線路が敷かれ、終日蒸気機関車や貨物列車の長い列が絶えることはなかったという。だが、やがて一九八六（昭和六一）年一一月に貨物の取り扱いが廃止になると、広大な貨物ヤード跡地はそのまま空き地となっていた。

しかし、廃線から二七年後の二〇一三（平成二五）年三月、東武グループは、長いあい

葛生駅から見たメガソーラー。写真右手にソーラーパネルが広がっている。（高嶋修一提供）

だ眠らせていたその敷地を、ある特別な目的で使用すると発表したのである。

生まれ変わった貨物ヤード

それは、最新の太陽光発電（メガソーラー）用地として有効利用することであった。遊休地を活用しての電力事業への取り組みは、私鉄では史上初の試みである。

事業主体は東武鉄道の一〇〇パーセント子会社である東武エネルギーマネジメントで、東武鉄道が用地を貸与するという事業形態だ。

こうして二〇一三年七月に完成した葛生太陽光発電所は、四七五二枚の太陽光パネルで発電を行なっている。

二〇一四年度の一年間の実績は、発電量

が四一〇世帯分に相当する一四八万二五七二キロワット、CO2削減量は、およそ六万五〇〇〇本のブナの木を植林するのと同じ効果となる七四八トンである。

さらに東武鉄道は、翌二〇一四（平成二六）年秋から二〇一五（平成二七）年春にかけて埼玉県内の比企《ひき》郡滑川《なめがわ》町と久喜《くき》市、栃木県佐野市、真岡《もおか》市、千葉県千葉市の計五カ所に、順次太陽光発電所を新設した。この五カ所の合計で二〇一四年度は、四五七世帯分に相当する一六四万五四五八キロワットを発電し、八三〇トンのCO2を削減している。

まったく異なる姿になった葛生駅だが、駅の北側には今も石積みや線路をくぐる歩道など、往時の路線の廃線跡が残っている。かつて石灰の粉塵《ふんじん》が舞い、白くかすんでいたという葛生駅は、二一世紀の今、新しい時代を象徴するエコ発電の拠点として生まれ変わったのである。

第二章

地図を見ると「？」が浮かぶ路線の謎

伊香保線にあるカーブはなんと八七カ所も！

伊香保線

※廃線

群馬県の伊香保《いかほ》温泉は、奈良・平安時代から上州《じょうしゅう》（群馬県）の名湯のひとつといわれた温泉で、今も多くの観光客が訪れている。伊香保は榛名山《はるなさん》の北東麓に位置し、麓の渋川《しぶかわ》から五〇〇メートル以上も高地にあるため、直接電車で行くことはできず、JR渋川駅からバスを利用しなくてはならない。ところが、それほど高地にある伊香保温泉に、かつては電車で向かうことができた。それが今はなき東武鉄道の伊香保線だ。

一九二七（昭和二）年、東武鉄道は東京電灯から電気軌道を買収した。電気軌道は、前橋《まえばし》駅から渋川新町《しんまち》を結ぶ前橋線（一五・〇キロメートル）、高崎《たかさき》駅から渋川新町を結ぶ高崎線（二〇・九キロメートル）、渋川駅から伊香保温泉を結ぶ伊香保線（一二・一キロメートル）の三線からなり、三つの路線を総称して伊香保軌道線と呼ばれていた。

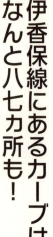

急勾配を登るための工夫

伊香保軌道線のうち、前橋線と高崎線は一般的な路面電車だったが、伊香保線だけは様

伊香保線の路線と勾配のイメージ

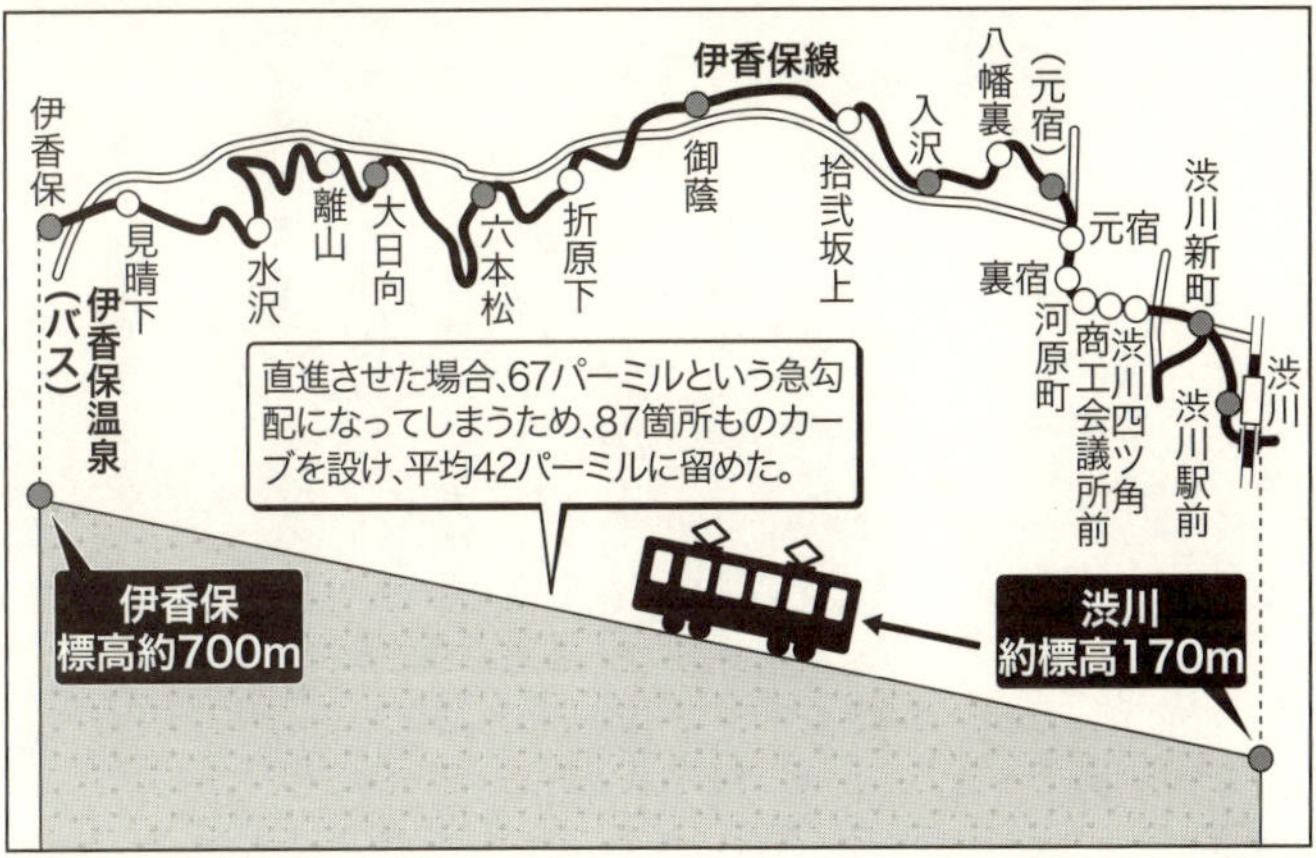

温泉で知られる伊香保は山中にあり標高も高い。街中の渋川までの高低差は500mを超える。

子が違っていた。なんと全長一二キロメートルほどの路線に、八七カ所ものカーブがつくられていたのだ。

作家の徳富《とくとみ》蘆《ろ》花《か》は、随筆『新春』のなかで、電車から眺めた夜景について「右の窓から見せ、左の窓から見せして、電車は山を上つて行きます」と書いており、いかにカーブの連続が印象的だったかがわかる。

なぜこれほどまでにカーブが多かったのか。理由は、五〇〇メートル以上にも及ぶ高低差にある。伊香保線は、軌道の平均勾配が四二パーミル（一〇〇〇メートル進むあいだに四二メートル上がる）もあり、もっとも急なところは五六パーミルにも及んでいたのだ。

電車が坂を登る際、ある一定の角度を超えると、どんなに動力があっても前に進むことができない。車輪とレールは鉄同士で摩擦係数が低いため、あまりに角度がついてしまうと車輪がレールの上を空転するばかりで、前進できなくなってしまうのだ。

そこで急勾配を回避するため、八七ものカーブが必要だったというわけである。さらに六カ所にスイッチバック式の待避所と、停車所があった。また、こうした地形のため、伊香保線は伊香保方面へ向かうときは主電動機（走行用モーター）の動力で走行し、渋川方面に向かうときは停車状態から起動後、電車の集電器を架線から外して下り坂の惰性とブレーキの制御だけで下っていくという特徴があった。

その勾配ゆえ開業当初は脱線事故も多かったが、電車が山を登るにつれ、車窓は展望が開け、渋川の町並みや赤城山《あかぎさん》の美しい姿を目にすることができる魅力的な路線でもあった。

のちに乗り合いバスの台頭で、伊香保軌道線は一九三五（昭和一〇）年に一度全線の廃止が決定したが、一九三七（昭和一二）年以降の日中戦争から第二次世界大戦のもとで輸送量が増加し、一九四九（昭和二四）年には年間利用客が四九五万人を超えるピークを迎えた。

しかし、その後、バスの性能が向上し、バス路線が充実するにしたがって再び乗客が減少。一九五三（昭和二八）年六月に高崎線、翌年二月に前橋線が廃止となり、伊香保線も一九五六（昭和三一）年一二月に廃止となって、その歴史に幕を閉じた。

高架の上に高架！伊勢崎線と武蔵野線の立体交差事情

TS
20

新越谷
しんこしがや
Shin-koshigaya

　東武スカイツリーライン（伊勢崎《いせさき》線）の新越谷《しんこしがや》駅は、一九七四（昭和四九）年七月に開業した駅である。越谷市内で一番新しくできた駅ということで、この名が付けられた。

　新越谷駅の特徴はその高さだ。ＪＲ武蔵野《むさしの》線の高架線を跨《また》ぐ形になっているため、改札口は三階、ホームは四階にあり、これは五階建てのビルに相当する高さである。

　そもそも新越谷駅は、武蔵野線の開業にともなう乗り換え駅として誕生した。武蔵野線はもともと貨物輸送を目的とした路線だったが、沿線人口が増加したことから、旅客営業に力を入れようとしていた。

　このため伊勢崎線と武蔵野線が交差する越谷《こしがや》駅と蒲生《がもう》駅の中間地点に、東武鉄道の駅も置こうと、新越谷駅が設置されたのである。

　しかし、当初は武蔵野線のほうが伊勢崎線を跨いでいた。では、どのような経緯で伊勢崎線がさらにその上を跨ぐことになったのだろうか。じつは、これは東武鉄道が構想をあたため続けていた複々線化計画によるものだった。

私鉄日本一の長さを誇る複々線区間

東武スカイツリーライン（伊勢崎線）では、一九六二（昭和三七）年五月に北千住駅を接続駅として営団（現・東京メトロ）日比谷《ひびや》線との相互直通運転を開始して以降、朝夕の通勤ラッシュが問題になっていた。これを解消するため、一九七〇（昭和四五）年にまず北千住《きたせんじゅ》〜竹ノ塚《たけのつか》間六・一キロメートルの複々線化工事に着手した。

この区間の大部分では、一九二九（昭和四）年に日光《にっこう》線が開通した頃から取得を進めていた土地があった。初代根津嘉一郎《ねづかいちろう》社長が将来の複々線化を予見し、土地の取得を推進していたことが功を奏したのである。工事は急ピッチで進められ、一九七四（昭和四九）年に完了した。その後、北千住〜竹ノ塚間を延伸する形で竹ノ塚〜北越谷《きたこしがや》間一四・一キロメートルの高架複々線化を行なう計画が進められた。いずれ北部の沿線が開発、発展されることを見据えてのことだった。一九七六（昭和五一）年三月二六日より着工し、二一年後の一九九七（平成九）年三月にようやく竹ノ塚〜越谷までの工事が完了、現在の新越谷駅が完成し、二〇〇一（平成一三）年には越谷〜北越谷の複々線化が実現した。

私鉄最長を誇る北千住〜北越谷間一八・九キロメートルの複々線区間はこうして誕生したのである。

新越谷駅周辺の変化（イメージ）

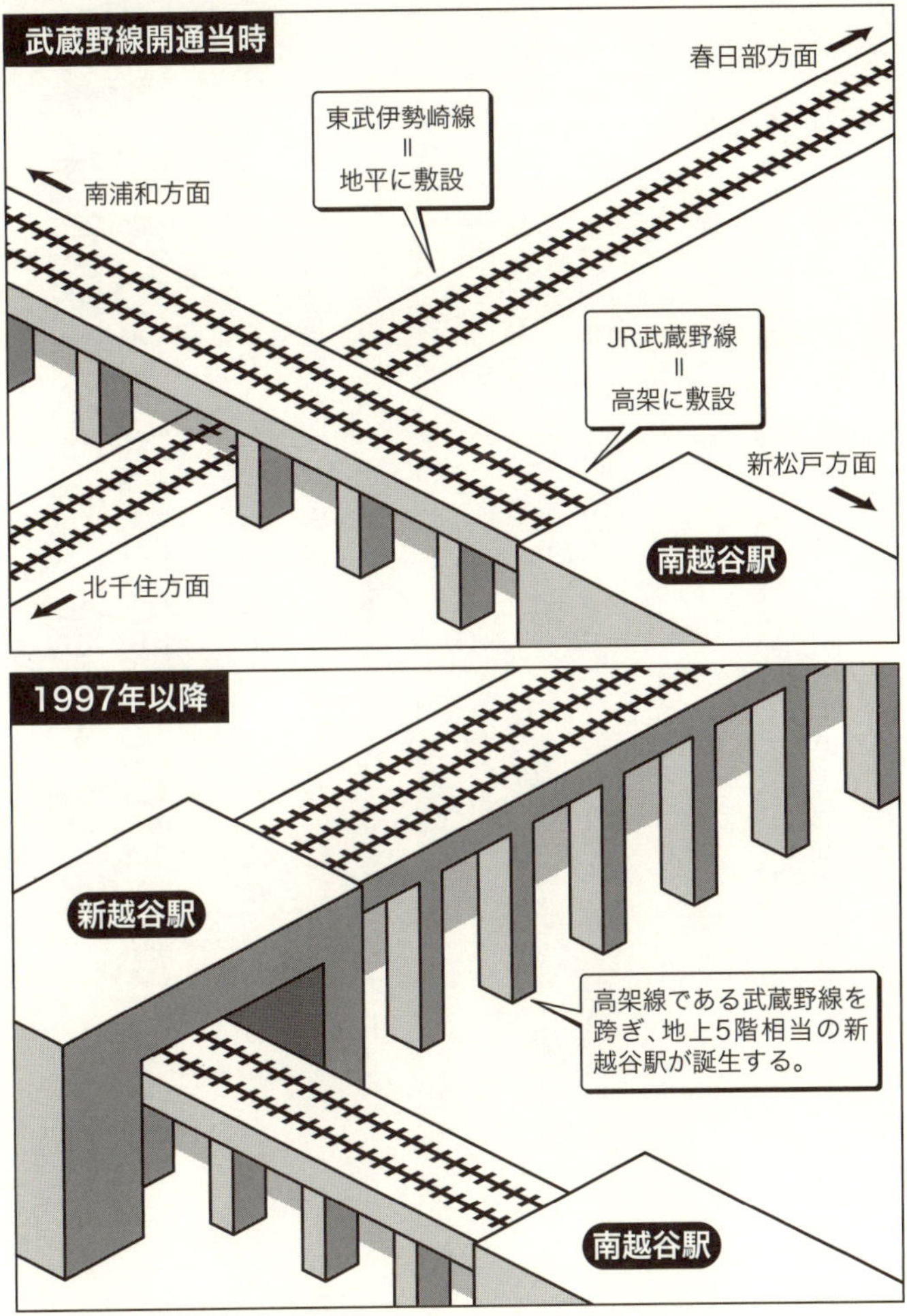

もともと武蔵野線は伊勢崎線を跨ぐ形だった（上図）が、伊勢崎線の複々線化により、高架ながら伊勢崎線を見上げることになった（下図）。

浅草駅前の「超・急カーブ」は、駅をつくる場所を限定されたから！

TS
01

浅草
あさくさ
Asakusa

東武鉄道が旧ターミナルの浅草《あさくさ》駅（現・とうきょうスカイツリー駅）から延伸して隅田《すみだ》川《がわ》を越え、浅草雷門《あさくさかみなりもん》駅（現・浅草駅）を開業したのは一九三一（昭和六）年である。その浅草雷門駅の特徴は、駅に百貨店を併設したターミナルデパートであったことだ。当時、すでに大阪では阪急が百貨店付きの駅ビルをつくっていたが、東京でははじめての試みだった。

現在の浅草駅のターミナルビルは、地上七階、地下一階で、二階部分に三面四線の駅施設が入っている。一九七四（昭和四九）年にビル表面をアルミの羽板で覆い隠す改装が施されたが、東京スカイツリーの開業に合わせて二〇一二（平成二四）年、覆いが外され、四半世紀ぶりに往年の美しい姿に復元された。ルネサンス様式の本格的な駅ビルには開業以来、百貨店の「松屋」（当時は松屋呉服店）が入っている。

じつは、浅草雷門駅が誕生する前、隅田川を越えた先に置くターミナル駅をめぐって、東武鉄道と京成電気軌道（現・京成電鉄）が激しいバトルを展開していた。

浅草駅前の伊勢崎線

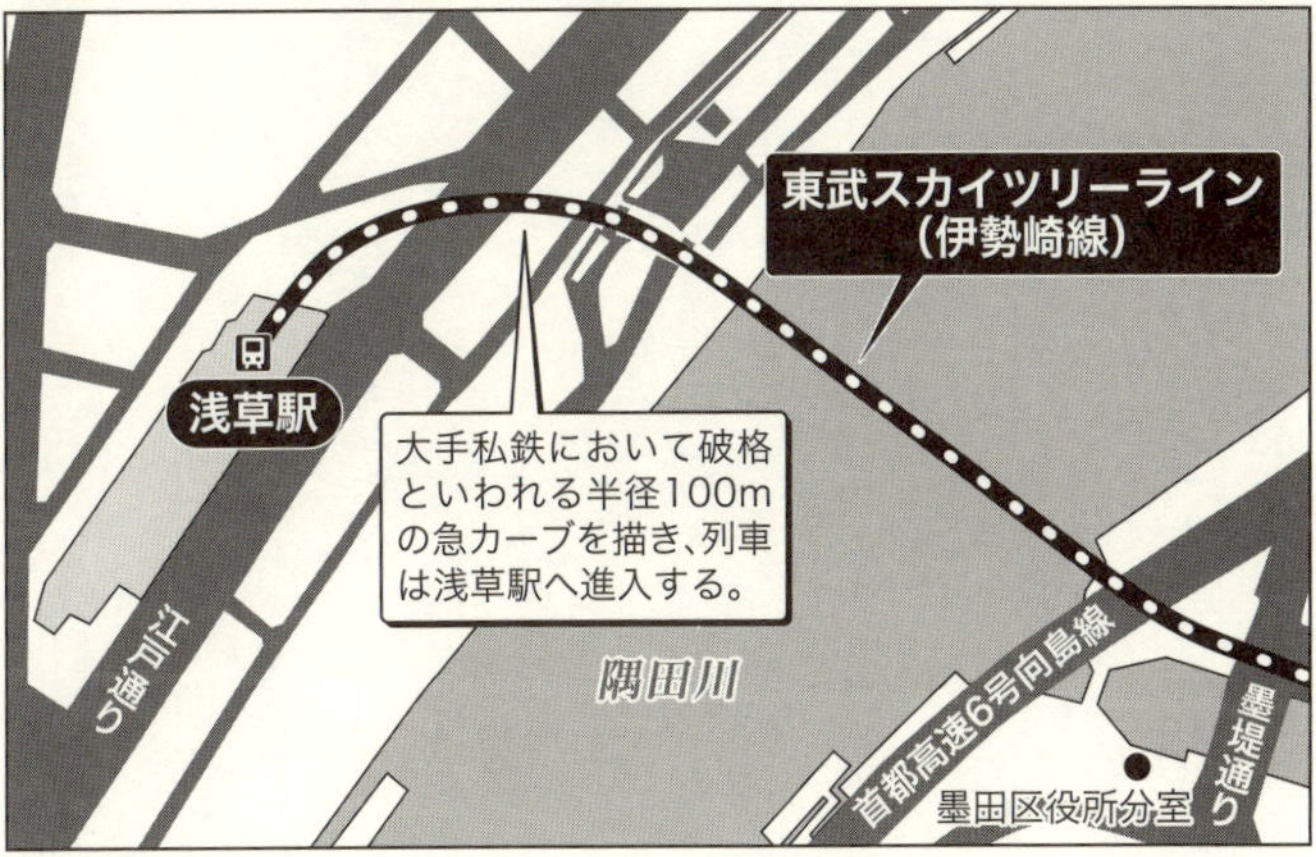

地図上で見る伊勢崎線の形は上図の通り。隅田川を渡り、大きくカーブを切っていることがわかる。

両社はどちらもターミナルが隅田川の手前止まりで、当時、東京一の盛り場だった浅草への乗り入れを熱望していた。そこで、社運をかけて熾烈な請願競争を繰り広げていたのである。

関東大震災直後の一九二三（大正一二）年一〇月、東武鉄道はいちはやく浅草駅（現・とうきょうスカイツリー駅）から、隅田川を渡って国鉄（現・JR）上野《うえの》駅に至る三・九キロメートルの路線敷設を申請する。しかし、東京地下鉄道が浅草～新橋《しんばし》間の敷設計画を持っていたため、一九二四（大正一三）年一一月、花川戸《はなかわど》までの一・一キロメートルに限り免許が下りた。

こうして免許は下りたものの、東武鉄道の前に、ある〝難題〟が待ち構えていた。

苦肉の策でつくられた急カーブ

地図を広げて現在の浅草駅周辺を見てみよう。東武スカイツリーライン（伊勢崎線）は、とうきょうスカイツリー駅を過ぎると隅田川を東から西へと横切り、そこからほぼ九〇度の急カーブを曲がって浅草駅へ至っている（前ページ図参照）。

浅草駅に発着する東武電車にはじめて乗るとまず誰もが驚くのが、浅草駅手前のこの急カーブである。そしてこの急カーブこそが〝難題〟を解決するためにつくられたものだったのである。

免許が下り、花川戸への延伸が決まったが、関東大震災後の復興・都市計画によって、駅の用地は、選択の余地もなく浅草寺《せんそうじ》と隅田川に挟まれた細長い土地に決定された。すでに人家が密集していた繁華街の浅草では十分な余裕を持って駅敷地を確保するのは困難だったためだ。

川を渡った堤防から用地までの距離は二三〇メートルしかなく、隅田川の鉄橋を越えて駅へと向かうには、ほぼ直角にカーブするかたちで路線を敷くほかなかった。かくして、隅田川を渡った電車は、鉄橋の橋梁《きょうりょう》の一部から駅ビル内にかけて、半径一〇〇メートルという超急カーブを曲がり、駅ビルへと入る形になったのである。

浅草駅特急ホームから線路を望む。先細りするホームと、線路のカーブのきつさがよくわかる。

カーブから鉄橋までの区間を電車が時速一五キロという自転車並みのノロノロ運転で走っていることからも、いかに急なカーブであるかがわかるだろう。

浅草駅のホームは、列車の編成が長くなるのに合わせ、延長工事が行なわれているが、この急カーブのため、ホームの先は幅が狭く、先細る形になっている（上写真参照）。そのため停車する列車とホームのあいだに大きな隙間ができる。

そこで開かない扉があったり、乗降の際に踏板が置かれるなどの工夫が見られ、ここでも苦心の末につくられた駅であることをうかがい知ることができる。

千住の一角に残る数メートルの線路が物語る貨物線の記憶

千住貨物線

※廃線

北千住駅から南へ一〇～一五分ほど歩いたところにある墨堤《ぼくてい》通りの千住東一丁目交差点近く、京成本線の高架下には、わずか数メートルの線路が土に埋もれるようにして残っている（左ページ写真参照）。この線路はかつてここを走っていた東武鉄道の千住線のものだ。

一九三五（昭和一〇）年に開業した千住線は、当時牛田《うしだ》駅と北千住駅のあいだに設けられていた中千住駅から、隅田川へと延びる〇・六キロメートルの短い路線で、鉄道と隅田川水運との連携を目指した貨物線だった。川岸には船着場や荷揚げ施設、貨物専用の千住貨物駅が設けられていた。

京成本線が開業したのは一九三一（昭和六）年と千住貨物駅よりも早いが、すでに引き込み線が存在していたため、あとから開業した京成本線が上を跨ぐ形になった。

戦前の日本では、陸上貨物輸送は主に鉄道が担っており、東武鉄道も創業以来、燃料、鉱物、食料、工業製品、建築材料などの貨物を輸送していたのである。

途切れた線路は、扉の向こうの工場内にまで続いている。高架上を走るのは京成線だ。

千住線は一九八七（昭和六二）年に廃止となり、線路の跡地は道路に、千住貨物駅の跡地は民間施設や高層住宅に転用された。

この付近ではかつて千住貨物駅に加えて業平橋《なりひらばし》駅でも貨物営業を行なっていた。しかし、千住貨物駅はすでになく、業平橋駅はとうきょうスカイツリー駅へと名前を変え、現在は大勢の観光客が訪れる駅へと変貌した。

かつての名残は今やほとんど残されていないが、この数メートルの線路は東武鉄道の貨物の歴史を静かに現在に伝えているのである。

なぜ東上線は伊勢崎線と接続していないのか？

東上線

私鉄の路線は、同じ会社内であればいずれかの駅で接続され、全線がつながっていることが多い。

しかし、同じ私鉄なのになぜかつながっていない路線もいくつか存在する。東武鉄道はその代表的な例で、浅草を起点とする伊勢崎線や日光《にっこう》線、東武アーバンパークライン（野《の》田《だ》線）などを総称する東武本線と、池袋を起点とする東上《とうじょう》線およびその支線である越生《おごせ》線をあわせた東上線系統とが完全に分断されている。

この理由は東武鉄道の歴史を辿ることでわかる。

東武鉄道の設立は一八九七（明治三〇）年一一月一日のことだ。東京から北へと延び、桐生《きりゅう》、足利《あしかが》地域と直結する計画だった。一度は政府から不許可とされたが、千住～足利間の沿線住民の支援もあり、一八九九（明治三二）年八月二七日から北千住～久喜間三九・九キロメートルで運転が開始された。これが東武本線のはじまりだ。

一方の東上線だが、じつははじめから東武鉄道の路線だったわけではない。その前身は、一九一四（大正三）年五月一日に池袋《いけぶくろ》～田面沢《たのもざわ》間（現在の川越市《かわごえし》～霞ケ関《かすみがせき》間にあった）三三・五キロメートルを開業した東上鉄道だ。東上鉄道の社長は、当時の東武鉄道社長・根津嘉一郎《ねづかいちろう》が兼任しており、本社も東武鉄道社内に置かれていた。そして、第一次世界大戦による物価高騰に経営を圧迫された両社は一九二〇（大正九）年七月二七日に合併し、東武東上線が誕生した。

東武線路線図

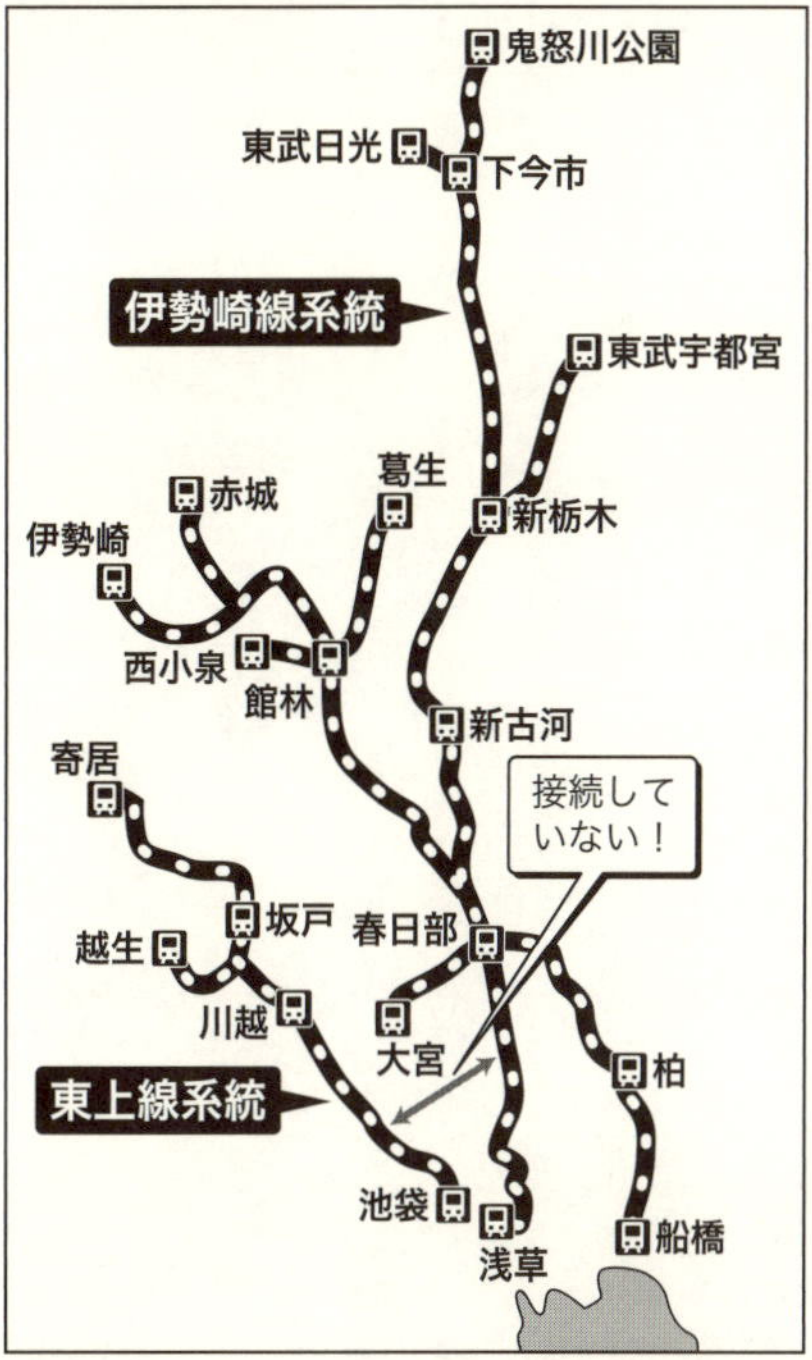

地図で見るとわかりやすいが、東上線は北西に、伊勢崎線は北に向かって線路を伸ばしている。

現在の東上線は、東上本線の池袋～寄居《よりい》間の七五・〇キロメートルと、支線の越生線の坂戸《さかど》～越生間一〇・九キロメートルの路線を持っている。

ターミナルである池袋駅は、二〇一四（平成二六）年度の乗降客数が四七万二一三二人を誇る。東武本線で一番多い北千住駅の四三万七一五六人を抑えて、東武鉄道の路線内でもっとも多い。

独自の色を持つ東上線

つまり、ふたつの鉄道会社が合併してひとつの鉄道の路線となったため、東上線と本線は接続していないのである。こうした歴史的経緯からか、東上線と東武本線は、まるで別会社であるかのように異なる点が多い。

列車種別の呼び方や案内板の色、ダイヤの書き方、駅名標のデザインなど、大きな違いがいくつもある。駅や車内の広告もデザインやレイアウトが異なり、ポスターや案内などに東上線独自のマークが用いられるなど、通常の私鉄路線ではあまりない特色が見られる。

こうした違いが見受けられる理由は、東上線の経営が、東武鉄道の社内で「東上業務部」という独立した組織によって行なわれているためだ。営業部門、運転部門ともに、東上線に関することは池袋にある東上業務部が一手に引き受けているのである。

もともとは別々の会社からはじまり、離れた場所で独自の歴史を積み重ねてきた結果、このような違いが生じたのである。

今はなき「熊谷線」はそもそも軍の要請でつくられた

熊谷線
※廃線

かつて、国鉄（現・JR）高崎《たかさき》線の熊谷《くまがや》駅から妻沼《めぬま》までの一〇・一キロメートルの田園地帯を、小さなディーゼルカーが走っていた。

「昭和一七年二月、当社は軍の強い要請を受けて、仙石河岸《せんごくかし》線の西小泉《にしこいずみ》駅南方で分岐して高崎線の熊谷駅までを結ぶ新線敷設の免許申請書を、鉄道大臣に提出した」――東武鉄道の歴史を綴った『東武鉄道百年史』（東武鉄道）には、熊谷線が誕生した経緯がこんなふうに書き起こされている。一九四二（昭和一七）年二月といえば、太平洋戦争がはじまって二カ月ほどしか経っていない時期である。「軍の強い要請」とは、群馬県太田市にあった中島飛行機をはじめとする軍需工場群に人と物を輸送するため、高崎線と直結する新路線を大至急敷設せよ、というものであった。

そこで、東武小泉《こいずみ》線の貨物支線であった仙石河岸線から西小泉駅南方で分岐し、利根川《とねがわ》を渡って熊谷駅へと至る路線が計画されたのである。しかし資材も労力も不足している戦時下で、新路線を早急に完成させることは困難を極めた。

とくに鉄鋼資材が足りず、東武日光線の複線区間のうち四四・五キロメートルを単線化し、そのレールなどを使用することでまかなったという。こうして一九四三（昭和一八）年一二月四日には熊谷～妻沼間の工事を完了させ、翌五日から営業運転を開始、仮終点の妻沼駅から飛行場や工場まではバスで人員を輸送した。

引き続き、利根川を横断して妻沼～西小泉間三・四キロメートルを結ぶ工事が進められたが、資材不足に加えて河川を横断する難工事のため、橋梁の工事はなかなか進まなかった。そして一九四五（昭和二〇）年八月一五日に終戦を迎えると、一九四七（昭和二二）年に安全のため鉄橋の橋脚部分のみ完成させたままで、工事は中断された。

戦後しばらくのあいだは、この地で三〇脚ものコンクリート製の橋脚が立ち並ぶ姿が見られたが、一九七九（昭和五四）年三月までに取り壊され、現在は西小泉側の堤防の外側に一脚残るのみとなっている。

愛されたディーゼルカー「カメ号」

熊谷線は西小泉までつながることがなかったが、完成した区間では戦後も蒸気機関車による運転が続けられ、一九五四（昭和二九）年には、三両だけ製造されたキハ二〇〇〇形気動車が導入された。これが冒頭のディーゼルカーである。高度経済成長のなか、のんびりとマイペースで田園を走るクリーム色の明るい車体は、住民から「カメ号」の愛称で親しまれた。

しかし乗客数は非常に少なく、年々赤字額が増大し、運転開始から四〇年目の一九八三（昭和五八）年、惜しまれながら廃線となった。現在、妻沼中央公民館には、当時活躍したカメ号が保存されている。また、熊谷線の敷地跡につくられた公園は「カメの道」と名付けられ、今にその歴史を伝えている。

さらに、東武鉄道傘下の朝日自動車株式会社が運行するバスが、熊谷〜妻沼仲町〜西小泉間を走っており、廃線跡そのものではないが当時の路線、未成区間をたどることができる。

熊谷線路線図

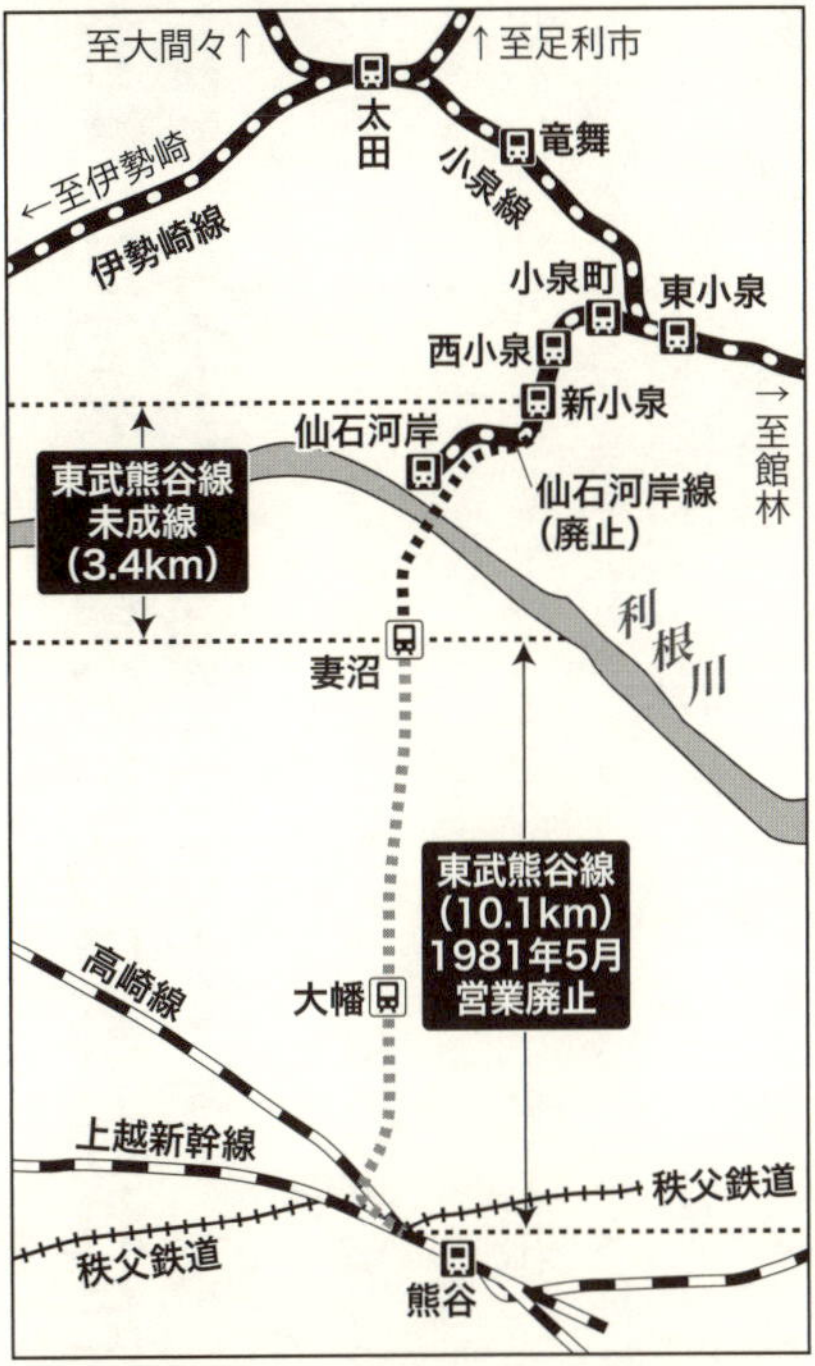

妻沼から熊谷までの熊谷線は実現せずに終わったが、現在西小泉〜熊谷間の路線バスが運行しており、ルートをたどることができる。

かつて米軍のために敷かれた「ケーシー線」ってナニ？

啓志線
※廃線

かつては東武鉄道にも駐留米軍と関わりの深い路線があった。

ひとつは東上線朝霞駅の引き込み線。終戦後の一九四五（昭和二〇）年、東上線の朝霞《あさか》駅のほど近くに米軍基地（キャンプドレイク）が生まれた。そこは、もともと昭和初期に東京ゴルフ倶楽部朝霞コースがつくられ、戦前に陸軍予科士官学校が置かれていた場所だ。朝霞市、新座《にいざ》市、和光《わこう》市、練馬《ねりま》区にまたがる広大な敷地を有し、約一万五〇〇〇人の米軍兵が駐留していた。そうした背景もあって米兵相手に栄えた朝霞は「西部劇の街」と呼ばれた。

当時進駐軍には、全国の鉄道をほぼ自由に使用できる特権が与えられていた。このため東上線では、一九四六（昭和二一）年二月から池袋～朝霞間にて連合軍専用車が運転された。朝霞駅からキャンプドレイクへは引き込み線が乗り入れ、軍関係者の人員輸送に用いられたのである。

この引き込み線とは別に、進駐軍のために敷設された路線もあった。その路線を、「啓《けい》志線」という。東上線の上板橋駅から、現在の陸上自衛隊練馬駐屯地の場所まで敷設されていた引き込み線を光が丘駅まで延伸した六・三キロメートルの路線だ。

「啓志」という名前は、じつはある人物の名前にあやかって付けられたものである。

米兵を住宅へと運ぶために敷かれた啓志線

啓志線は、グラントハイツという進駐軍の家族一二〇〇世帯が住む専用の住宅地へアクセスするために敷設された路線で、実現することはなかったが、グラントハイツから東京駅へと直通運転される予定もあったという。

このグラントハイツ建設工事の責任者は、米軍のヒュウ・ケーシー中尉であった。路線名の「啓志」とは、「ケーシー」の当て字だったのである。さらに現在の田柄《たがら》第三小学校近くにあった駅はケーシー駅と呼ばれていた。

啓志線は、一九四七（昭和二二）年六月から運転され、周辺の住民や日本人従業員も特別に乗車を許されていたが、ハイツの立川方面への移転に伴い、一九五七（昭和三二）年八月に廃止された。

一九七三（昭和四八）年には、グラントハイツの全域が日本に返還され、その跡地は現在、光が丘団地となっている。

東武と小田急が東京駅で相互直通運転する計画があった!

東武鉄道

東武スカイツリーライン（伊勢崎線）は、北千住〜中目黒《なかめぐろ》を結ぶ東京メトロ日比谷《ひびや》線と相互直通運転を行なっている。このように私鉄が地下鉄路線と接続して都心部へ向かう例は各所で見られるが、かつて東武鉄道には、同じ私鉄である小田急電鉄と私鉄同士で地下鉄線を敷き、接続しようという計画があった。

その計画があったのは戦後間もない頃である。じつは、東武や小田急を含む私鉄各社は戦前から都心への乗り入れ路線を建設したいとの希望を持っていたが、いずれも実現しなかった。戦後、経済復興が進むと、東京郊外の人口は飛躍的に急増した。郊外から都心へと向かう通勤客は、各私鉄の主要駅で国鉄（現・JR）に乗り換えていたが、朝、夕の混雑が目立つようになっていた。こうした状況から、私鉄各社は再びこぞって都心への乗り入れ路線を計画し、申請したのである。

東武鉄道の都心乗り入れ案は、北千住〜新橋間に東武単独で地下鉄線を敷設するというものだった。そのルートは、北千住を出て地下に潜り、三ノ輪《みのわ》、浅草、田原町《たわらまち》、浅草橋《あさくさばし》、人形町《にんぎょうちょう》、茅場町《かやばちょう》、築地《つきじ》を経て新橋へと至るものだった（六一ページ図参照）。一九五五（昭和三〇）年一一月、東武鉄道はこの路線の免許取得を申請している。

この計画に強い関心を示したのが、小田急電鉄である。小田急は都心への乗り入れルートとして、参宮橋《さんぐうばし》から東京駅八重洲《やえす》口までの地下鉄線を敷設する計画を立てていた。そこで、東武に「共同で都心乗り入れを果たしたいがどうか」と打診したのだ。

打診を受けた東武内では、議論があっただろう。その上で終点を新橋から東京駅八重洲口に変更し、小田急の地下鉄線と接続、北千住〜参宮橋間を相互直通運転する計画が浮上した。この計画が実現すれば、東武沿線の日光と、小田急沿線の箱根というふたつの観光地を結ぶ直通列車を走らせることができる。また、両社の軌間はともに一〇六七ミリメートルだったので、直通運転を行なう上で技術的な問題が少なく、東武が見積もった建設費も、八五億円から八〇億円に減額できると試算された。

東武は計画に合意し、一九五六（昭和三一）年、北千住〜新橋で申請していた路線を、北千住〜東京駅八重洲口に変更して追加申請した。

行政の決定により実現しなかった相互直通運転

このように、とんとん拍子に話が進んだかに見えた、東武と小田急の相互直通運転計画だが、結果として実現することはなかった。

運輸省は、運輸大臣の諮問機関として「都市交通審議会」を発足させ、ここで私鉄各社の申請を検討した結果、一九五六（昭和三一）年八月「都心を走る地下鉄の事業主体は営団および東京都とし、その地下鉄と郊外からの路線の相互直通運転を行なう」という方針を打ち出した。

都心部の地下鉄を整備拡充するにはその管理を一元的に行なうべきであり、私鉄各社がバラバラに路線を申請していては、効率的ではないとの判断を下したのだ。これはさかのぼれば、一九三八（昭和一三）年に制定された陸上交通事業調整法で決められたことであった。同法は戦後も残り続けていたから、その趣旨が踏襲されたことになる。

しばらくは、各私鉄とも自社の計画を諦めきれなかったが、最終的には、莫大な建設費のかかる地下鉄建設は、公的負担を得やすい営団や東京都が進めたほうがよいとの結論に至り、この方針を受け入れた。

その後、一九五七（昭和三二）年六月、運輸省が相互直通運転する地下鉄路線と私鉄を決定し、一号線（現・都営地下鉄浅草線）には京成電鉄と京浜急行電鉄、二号線（現・東京メトロ日比谷線）には東急と東武が相互直通運転することとなったのである。

東武が計画したふたつの路線

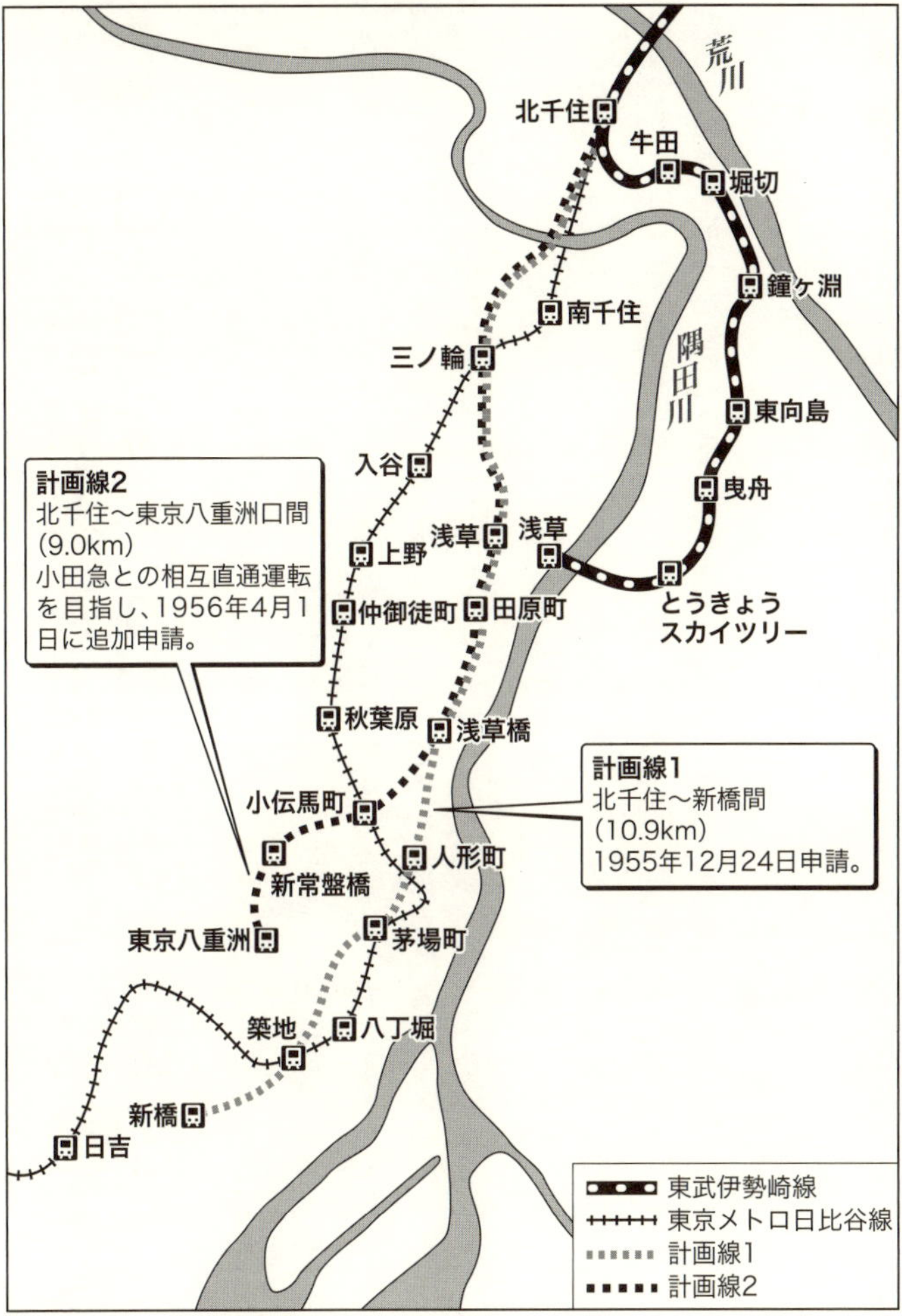

小田急電鉄との直通運転をはかるべく提案された計画線だったが、免許は下りず、実現せずに終わった。

なぜ途中駅である下板橋駅に「〇キロポスト」があるのか

TJ 03　TS 09

下板橋
しもいたばし
Shimo-itabashi

北千住
きたせんじゅ
Kita-senju

電車や駅から線路上を眺めてみると、さまざまな「線路標（標識）」を目にすることができる。かつて（二〇〇二年まで）は設置しなければならない線路標として、「距離標」、「曲線標」、「勾配標」、「車両接触限界標」の四つが省令で規定されていた。現在では事業者の裁量に任されているが、多くの場合はかつてのやり方を踏襲している。

このうち距離標は、俗に「キロポスト」とも呼ばれ、その路線の起点からの距離を示すものである。そして路線の起点に置かれる距離標が「〇《ゼロ》キロポスト」だ。

この「〇キロポスト」だが、東上線の場合、起点となる駅は池袋のはずなのに、なぜか下板橋《しもいたばし》駅のホーム西端から西に二〇〇メートルほどの場所に置かれている。いったいなぜか。この謎を解くために、東上線の歴史をさかのぼってみよう。

当初は大塚を起点とする予定だった東上線

東上線の前身である東上鉄道は、一九一二（大正元）年一一月に大塚辻町《おおつかつじまち》（現・東京メ

下板橋駅と同じく途中駅ながら0キロポストが置かれる北千住駅のホームには、記念タイルもはめこまれている。

トロ丸の内線新大塚《しんおおつか》駅付近）〜渋川町《しぶかわちょう》間の免許を取得した。しかしその直後に下板橋から分岐する下板橋〜池袋間一・九キロメートルの免許も取得している。起点を大塚辻町から池袋に変更したのは、『東武鉄道百年史』によると池袋が発展の兆しを見せはじめており、国鉄（現・ＪＲ）との接続を図るためだった。

　東上鉄道の敷設工事は、一九一三（大正二）年三月に、下板橋〜川越町《かわごえまち》間二九・〇キロメートルと、下板橋〜池袋間二・二キロメートルで着手された。このふたつの工事は、下板橋を境にそれぞれ異なる法律（私設鉄道法と軽便鉄道法）に基づいて免許を受けていた。また、当初東上線は大塚辻町を起点にする計画だったため、両案に対応できるよう、この地点に〇キロポストが設けられたともいう。

東上鉄道は、一九一四（大正三）年五月に池袋～田面沢（現在の川越市～霞ヶ関間に設置）で開業し、のちに下板橋～大塚辻町間の免許は失効した。

下板橋駅は一九三五（昭和一〇）年に現在の場所に移転したが、〇キロポストは開業時に駅のあった場所にそのまま置かれている。現在の〇キロポストが中途半端な位置にあるのはそのためだ。

下板橋駅のそばには、鉄道の名称の由来や開業に尽力した人々の名が記された「東上鐵道記念碑」がある。もともと一九一九（大正八）年五月に上板橋駅に建てられたものが、池袋駅西口を経て現在の位置に移動したのだという。

また、じつは伊勢崎線の〇キロポストも、起点である浅草駅ではなく北千住駅に置かれている。これは北千住～吾妻橋《あづまばし》（→浅草→業平橋、現・とうきょうスカイツリー）間が先に開業し、当初の起点が北千住だったためだ。

ともに、〇キロポストから実際の起点までのあいだでは、一キロメートルごとに珍しいマイナス表示のキロポストを見ることができる。

第三章
東武沿線の変化がわかる都市開発史

日光へのルートを巡りバトルを展開した東武とJRの「いま」

日光線

日光線は、伊勢崎《いせさき》線の東武動物公園《とうぶどうぶつこうえん》駅から東武日光《とうぶにっこう》駅を結んでいる。だが、この路線は当初の計画では、佐野《さの》線の多田《ただ》駅から鹿沼《かぬま》を経由して日光まで向かうルートで計画されていた。

東武鉄道が日光線を建設する前、すでに宇都宮《うつのみや》と日光を結ぶ路線を日本鉄道（のち国鉄、現・JR）が一八九〇（明治二三）年八月に開業し、上野《うえの》～日光間のルートは完成していた。しかし、この上野～日光間は、宇都宮駅でのスイッチバックや、鹿沼～日光間の急勾配などのせいで、乗車時間が四時間を超える不便な経路であった。そこで東武鉄道は、より短時間で日帰り可能なルートを再検討し、佐野線からの分岐案を廃止して、新たに伊勢崎線の杉戸《すぎと》駅（現・東武動物公園駅）から分岐することにしたのである。

一九二九（昭和四）年に日光線が全通し、浅草（現・とうきょうスカイツリー）～東武日光間が一三五・五キロメートルで結ばれ、国鉄（現・JR）の上野～日光間一四六・六キロメートルよりも一一・一キロメートル短縮することに成功した。時間も東武鉄道は特急で二時間一七分と、国鉄の三時間一〇〜三〇分に比べて速くなった。
するとこれに対抗して国鉄が二時間三〇分まで縮めたため、両者の間で激しいスピード競争がはじまることになった。

手を結んだかつてのライバル

昭和三〇年代以降、余暇を意味するレジャーという言葉が広まり、日本中にレジャーブームが到来。このとき東武鉄道が観光開発にもっとも力を入れたのが日光だった。東武鉄道は、季節限定の日光行き臨時急行や、毎週土曜日には深夜〇時一五分浅草を出て奥日光へ向かう夜行列車などを運行し、人気を博した。

一九五六（昭和三一）年四月一日には、一七〇〇系特急ロマンスカーを投入する。このとき二時間の壁を破って一時間五九分で目的地に到着することができるようになった。

しかし、この様子をライバルの国鉄も黙って見ていたわけではない。ロマンスカーの導入から半年後、それまでの蒸気機関車に代わって新型ディーゼルカーのキハ五五系を投入したのである。これにより上野〜日光間の所要時間は二時間五分となり、東武鉄道との差が大幅に縮まった。ここから、競争はスピードだけでなく、車両の豪華さや快適さにも及ぶようになる。

東武鉄道は、日光路を制覇するための切り札として、一七二〇系デラックスロマンスカー（DRC）の導入を計画。一九六〇（昭和三五）年一〇月九日、乗り心地や居住性のよさと高級感、そして高速走行性能を併せ持つ最新鋭の特急電車として、特急「けごん」に投入した。これにより、浅草《あさくさ》〜東武日光間は一時間四六分で結ばれた。時間短縮に加え、車内の内装が豪華で、運賃も国鉄より安かったため、人気は東武鉄道に集中することとなり、競争は東武鉄道に軍配が上がったのである。

その後東武鉄道は、一九九〇（平成二）年六月に三〇年ぶりのフルモデルチェンジとして、新型特急一〇〇系「スペーシア」を導入するなど精力的に日光への乗客を誘致する。しかし、高速道路が整備されたことで、この頃になるとマイカー利用者が大幅に増え、鉄道利用者は減少しはじめた。この状況を打開すべく、東武鉄道はなんと、かつてのライバルであったJRと手を結ぶことを考えた。新宿《しんじゅく》〜日光、鬼怒川温泉《きぬがわおんせん》を結ぶ特急列車の直通運転を二〇〇六（平成一八）年より開始したのだ。新宿から浦和《うらわ》、大宮《おおみや》、栃木《とちぎ》、新鹿沼《しんかぬま》、下今市《しもいまいち》を経由して、東武日光または鬼怒川温泉へと至る直通運転のため、栗橋《くりはし》駅にはJR東北本線と東武日光線を結ぶ、約六三〇メートルの連絡線が新設された。

東京西部地区の交通の要衝である新宿と日本有数の温泉地を結ぶこの試みは、驚きを持って迎えられたが、利用客からは好評を得ている。

TJ 06

ときわ台
ときわだい
Tokiwadai

まるでヨーロッパ！ 曲線を多用したユニークな街が誕生したワケ

昭和初期、大手私鉄各社は、乗客確保のために沿線の開発に力を入れていた。このうち東武鉄道がはじめて沿線開発した郊外住宅地が「常盤台《ときわだい》住宅地」である。東上線のときわ台駅北口周辺に広がる二四万二八八〇平方メートルの住宅地で、武蔵常盤《むさしときわ》駅（現・ときわ台駅）が一九三五（昭和一〇）年に開業したのに合わせ、翌一九三六（昭和一一）年の秋から分譲された。

東武鉄道が常盤台住宅地の開発に乗り出した背景には、一九二三（大正一二）年に起きた関東大震災により、東京近郊の住宅需要が急激に増加していたことがある。

常盤台住宅地は、戦前につくられた住宅地のなかでは遅くに開発されたため、それ以前に開発された住宅地を参考にして、さらに環境面や住みやすさなどについて細かな配慮がなされている。

特徴としては、曲線を多用したレイアウトになっている点があげられる。じつは当初は、ほかの住宅地でよく見られる碁盤目型のレイアウトになる予定だった。ところが、初代根《ね》

津嘉一郎《づかいちろう》社長が、従来とは異なる理想的な街をつくるため、この計画を白紙にして新たに設計をやり直すことを指示したのである。

設計者には内務省官房都市計画課に勤務していた小宮賢一《こみやけんいち》が選ばれた。小宮は欧米の都市計画関連の書籍や雑誌などを見てデザインに取り組み、曲線を多用した独特な街づくりを提案した。曲線が多くなると直線に比べて採算面で不利になるが、根津はこれを採用。こうして、これまでにないユニークな街づくりが行なわれたのである。

曲線やクルドサックを用いた独創的な街

常盤台住宅地には、用地取得がうまくいかず北東の一部が途切れているものの、周囲をぐるりと一周できる楕円形の「遊歩道」と呼ばれる道がある。駅前のロータリーから放射状に延びた三本の道路は遊歩道と交差するように配置されており、住宅地のどの区画からも遊歩道へ抜けられるようになっている。

道の中央にはプラタナスやトチノキが植えてあるため、道行く人に緑の多い街といった印象を与えている。

常盤台住宅地でもっとも印象に残るのが、五カ所あるクルドサックである。クルドサックとは、フランス語で「袋小路」という意味だ。住民以外の車両の通過を防ぎ、防犯効果

常盤台住宅地の現在の姿

プロムナード
ループ状の遊歩道が設けられたが、用地買収が一部でうまくいかず、東部分が切れている。現在は道路中央に配された植栽帯にプラタナスやトチノキが植えられており、「並木のプロムナード」と呼ばれる。
クルドサック（車が転回できる袋小路）
常盤台住宅地の特徴のひとつであるクルドサックは、通過する車両の数を抑制し、安全で閑静な住宅地を実現させた。また、緑を増やすことにもつながっている。
東武東上線
ときわ台駅
環七通り

曲線とクルドサックを用いた街の形は、田園都市線の田園調布駅周辺を参考にしたという。

を高める円形のロータリーで、欧米の住宅地では見られるが日本では大変珍しい。

これらの特徴に加え、住宅地の分譲に際しては住民にある条件が提示された。

住宅以外の建築物は建てないこと、ゆとりのある二階建て住宅とすること、そして、道路に面する境界は生け垣として前庭を設けることなどである。このデザイン管理のアイデアは田園調布《でんえんちょうふ》を参考にしたもので、街を落ち着いた雰囲気とすることに成功している。

こうした綿密な計画により、常盤台住宅地は良好な住環境を持つ住宅地のひとつとして人気を博した。今では当時の建物の多くがなくなってしまったが、遊歩道や区画から当時の面影を感じることができる。

利根川と江戸川を結んだ日本初の西洋式運河

TD 19
運河
うんが
Unga

千葉の銚子《ちょうし》から東京に向かうには、今でこそ電車があり、高速道路も通っている。これら交通機関を用いて、人も海産物や農産物も、すぐに東京に運ぶことができる。

しかし、これらが開通する前までは、ことはそう簡単ではなかった。銚子から東京への道のりは近いように見えて意外に距離がある。人や荷物を運ぶ手段は舟運が主流だったが、千葉から東京へと流れる川は存在していなかったからだ。

そのため江戸時代には、利根川《とねがわ》をさかのぼって利根川と江戸川の分岐点である関宿《せきやど》（現・千葉県野田市《のだし》）まで行き、そこから江戸川《えどがわ》を下って江戸へと向かう必要があった。

川を下るのは簡単だが、さかのぼるのは時間がかかる。しかも、利根川は上流から運ばれてきた土砂で川底が浅くなり、浅瀬や中洲があちこちにできていた。また関宿まで辿り着いたとしても、そこには〝棒出し〟があるため川幅が狭く舟が通りにくかった。

棒出しとは、川の幅を狭め、洪水のときに江戸川へ流れ込む水の量を調整する役目を果たすもので、これがあるために、大きな船は一度積み荷を降ろして陸路に切り替え、利根

ふたつの川を結ぶ利根運河

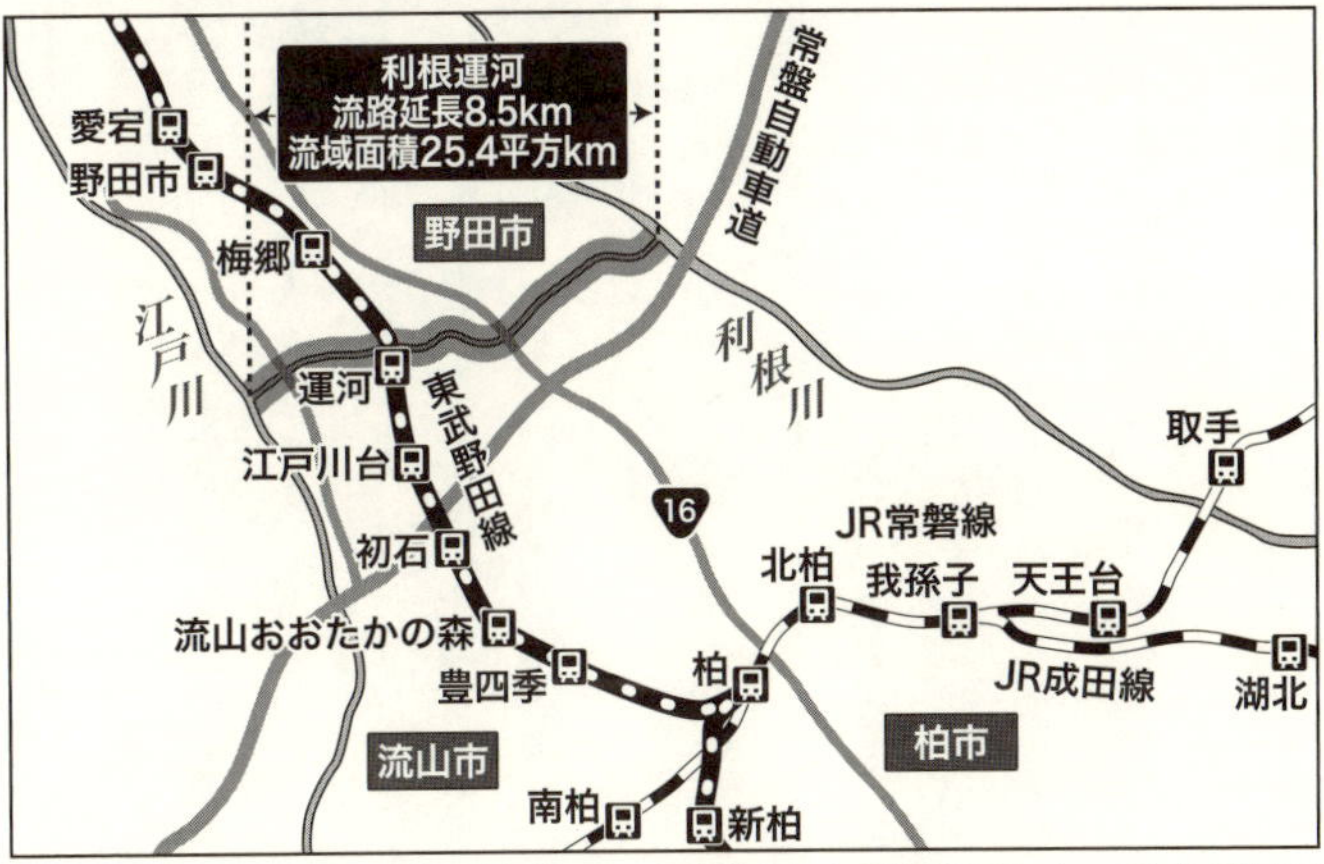

南北を流れる江戸川と利根川を結ぶべく開削された利根運河によって、物流はスムーズになった。

川と江戸川のあいだを東西に移動しなければならなかった。

こうした時間と費用の問題を解決するために構想されたのが利根運河だ。利根川と江戸川のあいだに運河をつくり、船の往来を便利にしようと考えたのである。

民間の力で完成した利根運河

一八八六（明治一九）年、政府は運河の開削に着手するものの、財政上の理由から工事になかなか踏み切れなかった。このため茨城県令の人見《ひとみ》寧《やすし》および地元の人々七〇人余りが発起人となって、一八八七（明治二〇）年に「利根運河会社」を設立。民間による運河建設がはじまった。

ルート選定から工事の指導監督までを取り

仕切ったのは、オランダ人土木技師アントニー・トーマス・ルベルタス・ローウェンホルスト・ムルデルだ。完成は一八九〇（明治二三）年で、現在でいう千葉県の流山《ながれやま》市、柏《かしわ》市、野田市の三市にまたがる全長八・五キロメートルの運河が誕生した。工事に従事した人は、延べ二百万人を超えたともいわれている。

利根運河の開通により、銚子から江戸に至る舟運は、距離にして三八キロメートル、時間にして三日から一日に短縮された。

運河を利用するには航通料が課せられ、料金は船の大小によって三〇銭〜三円五〇銭まで一三種類にわけられていた。

航通料がかかるとはいえ、その便利さゆえ多くの船が運河を利用した。その後の鉄道の進出で舟運が衰退したことで、一九四一（昭和一六）年に閉鎖されてしまうが、およそ五〇年間で一〇〇万隻もの船が利用したという。

閉鎖後、水質が淀んでしまったが、一九八七（昭和六二）年に憩いの水辺としてよみがえり、野田線（東武アーバンパークライン）運河駅近くには「運河水辺公園」が開園。公園内には、利根運河の生みの親であるムルデルの碑が建てられている。

東口に西武があって西口に東武がある「あべこべ」な池袋駅

TJ 01

池袋

いけぶくろ

Ikebukuro

♪ふしぎなふしぎな池袋　東は西武で西東武～

ビックカメラのコマーシャルソングでも歌われているように、池袋駅は西口に東武鉄道の駅とデパート、東口に西武鉄道の駅とデパートがあり、ＪＲを挟んでそれぞれ東西逆に位置している。いったいなぜこのようにあべこべの状況になってしまったのだろうか。

最初に日本鉄道（のち国鉄、現・ＪＲ）の池袋駅の西側に駅を設置したのは東武の前身である東上鉄道である。開業は一九一四（大正三）年のことだ。西側に置いた理由は、国鉄を越えると建設費が高くなるため、または東上鉄道が池袋から川越方面へと、北西の方角へ向かう線路であったためといわれる。

東上鉄道が西側で開業した一年後、今度は西武の前身である武蔵野鉄道が駅の東側に無理やり線路を曲げる形で池袋駅を設置し、池袋～飯能間の運行を開始した。つまり、もともとは「東は武蔵野で西東上」だったのである。

しかし、その後東上鉄道は一九二〇（大正九）年に東武鉄道と合併、武蔵野鉄道は一九四五（昭和二〇）年に西武鉄道と合併した。「東は西武で、西東武」は、両社の合併によってできた偶然だったのである。

こうして東西が社名と逆に置かれることになった二社だが、現在も池袋駅で鉄道事業以外に力を入れていることがある。百貨店経営だ。

西口と東口のデパート戦争

一九二九（昭和四）年、阪急電鉄が梅田駅に阪急デパートを創業した。するとこれに続くように一九三一（昭和六）年に浅草の松屋、一九三三（昭和八）年に阪神百貨店、京浜百貨店品川店、一九三四（昭和九）年には東横百貨店（現・東急百貨店東横店）ができるなど、私鉄によるデパート建設ブームが巻き起こった。私鉄にとって、ターミナルデパートを持つことは集客などの理由から大きな魅力があった。

そして戦後、昭和二〇年代になると、ついに池袋を舞台にしたデパート戦争がはじまったのである。

一九四九（昭和二四）年、池袋駅東口で戦前から営業していた武蔵野デパート（白木屋と京浜電鉄が共同で開業した菊屋デパートを武蔵野デパートが買収し、改称していた）が西武デパートに改称。その翌年には西口で東横百貨店が開業した。さらに一九五七（昭和

東西が逆転する池袋駅

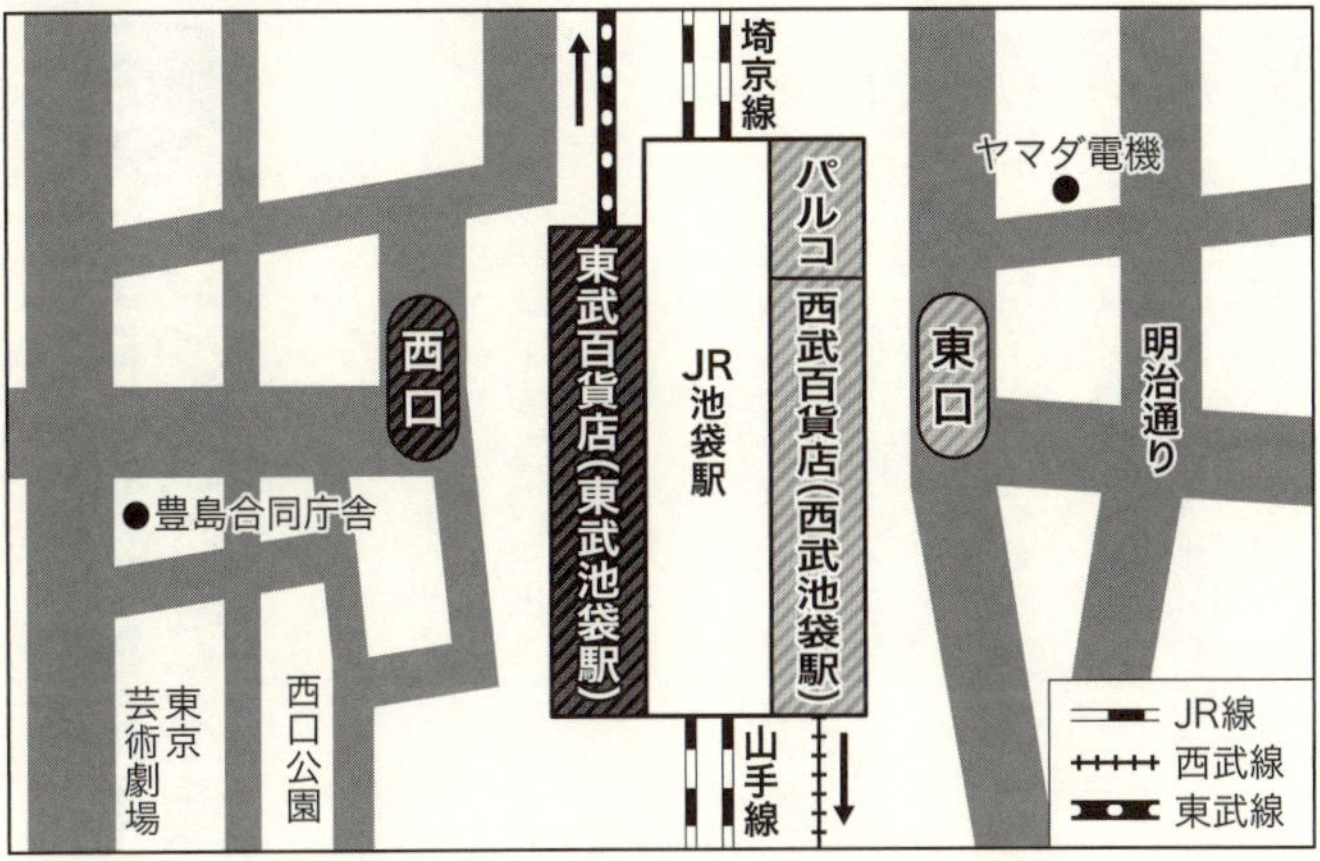

西口に東武、東口に西武を有する池袋駅。はじめて訪れる人には混乱のもとだが、歴史の流れを知れば納得。

三二）年には丸物デパート、三越が開業するなど、出店が相次いだ。

このような百貨店進出ラッシュのなか、東武では東上線の利用客増もあり、一九六二（昭和三七）年に池袋駅西口に東武百貨店池袋本店を開業する。そしてその二年後には、東横百貨店池袋店を買収し、売り場面積を拡大。西武百貨店に匹敵する規模としたのである。

こうして、池袋駅の西口と東口にそれぞれ巨大な百貨店ができ、現在まで東武百貨店と西武百貨店は集客、売上で競争を続けている。

今や池袋の顔となったふたつの百貨店。お互いに競い合ったことが、昭和五〇年代以降、池袋が新宿、渋谷に並ぶ、副都心として発展するきっかけのひとつとなったのである。

野田線は醤油を運ぶためにつくられた路線！

野田線

野田線は、埼玉県の大宮駅から千葉県の船橋《ふなばし》駅までを結ぶ六二・七キロメートルに及ぶ長大路線だ。外環状線といわれるＪＲ武蔵野《むさしの》線のさらに外側を大きく回っている。

二〇一四（平成二六）年四月一日からは、利用者により親しみを持ってもらうために、野田線に愛称名「東武アーバンパークライン」が導入された。

アーバンパークとは、都市（アーバン）と公園（パーク）を組み合わせた造語だ。都心へ向かう通勤・通学路線との乗り換え駅が複数あり、交通利便性の高い路線であること、そして自然を感じられる公園が沿線に多くあり住みやすい路線であることからこのように名付けられた。

そんな都市と緑をつなぐ東武アーバンパークラインだが、もともとは醤油を輸送するためにつくられた路線である。

野田線が走る千葉県野田市は、古くから醤油《しょうゆ》、みりんを産業の中心としている。野田で醤油づくりが行なわれるようになったのは、永禄《えいろく》年間（一五五八〜七〇）のことだ。野田市の史跡「野田の醤油発祥地」の石碑によると、飯田市郎兵衛《いいだいちろべえ》なる人物の先祖が、甲斐《かい》武田氏に溜《たまり》（豆油）醤油を納め、川中島御用溜醤油と称したとされ、これが野田市でもっとも古い醤油醸造といわれている。

寛文《かんぶん》年間（一六六一〜七三）には、商品としての醤油づくりがはじまり、一八世紀にはそれまで中心だった関西醤油に代わって江戸市中の醤油需要を賄《まかな》うようになった。その後、一九世紀半ばから幕府御用達の醤油をつくっていた高梨・茂木《もぎ》両家が一八八七（明治二〇）年に野田醤油醸造組合を結成。そして一九一七（大正六）年には野田醤油株式会社（現・キッコーマン株式会社）が誕生する。

買収、改名を繰り返し、東武野田線となる

野田では、明治時代、江戸川舟運を利用して醤油を運ぶために人車鉄道を敷設し、これが荷馬車と並んで陸上交通における重要な役割を果たしていた。

しかし明治の終わり頃になると、醤油の運搬を舟運に頼るだけでは不便だとして、千葉県に鉄道の敷設を訴える。

結果、一九一一（明治四四）年五月、千葉県営鉄道柏〜野田町《のだまち》間一四・七キロメートルが開通した。これが現在の野田線の前身である。開業時の停車駅は、柏、豊四季《とよしき》、初石《はついし》、

運河《うんが》、梅郷《うめさと》、野田町だった。

一九二三（大正一二）年二月、この路線は、柏〜船橋間一九・六キロメートルの工事に着手していた北総鉄道に譲渡された。

同社は翌年、柏〜野田間の営業を開始。いっぽう路線敷設工事は一九二三年九月に起きた関東大震災の影響で一時中断するが、外地での鉄道建設などを担当する陸軍鉄道連隊の協力もあり、何とか無事に完了し、一二月二七日には柏〜船橋間の営業を開始した。

さらに、一九二六（大正一五）年には、野田醤油の取引先が多い東北方面へ醤油を輸送するため、野田町から西へ進み、国鉄（現・ＪＲ）東北《とうほく》線の大宮駅に接続する新線の敷設が計画された。一九二八（昭和三）年から一九三〇（昭和五）年まで工事が行なわれ、現在の路線が全通した。

このとき、路線が下総国と武蔵国を結ぶということで社名を北総《ほくそう》鉄道から総武《そうぶ》鉄道へと改めた。そして、この総武鉄道を一九四四（昭和一九）年に東武鉄道が合併し、東武野田線になったのである。

もともと醤油運搬のためにつくられた千葉県営鉄道からはじまった東武野田線だが、一九八五（昭和六〇）年に貨物輸送が廃止されてしまい、旅客専用となった。現在の野田線は醤油ではなく、通勤・通学路線として多くの乗客を運んでいる。

TJ 19 上福岡 かみふくおか Kami-fukuoka

TJ 14 志木 しき Shiki

現在の東上線をかたちづくった二人の男、その熱意

東上《とうじょう》線の上福岡《かみふくおか》駅東口の階段下には、星野仙蔵《ほしのせんぞう》（一八七〇～一九一七）という人物の記念碑が建っている。彼こそ、現在の東上線の生みの親といっていい。

星野は、東上線沿線に流れる新河岸川《しんがしがわ》でかつて舟問屋を営んだ福田屋一〇代当主であった。舟問屋とは、今でいう運送、宅配業者で、荷を舟に積み込み江戸と地方都市の間を運搬する仕事である。新河岸川は、荒川から分かれた支流で、川越から浅草花川戸《はなかわど》までの一二〇キロメートルが舟運の航路だった。

新河岸川の舟運は、一六三八（寛永《かんえい》一五）年に川越で発生した大火事で仙波東照宮《せんばとうしょうぐう》が焼失してしまい、その再建のための建設資材を江戸から川越へ運んだことがそのはじまりといわれている。その後長らくのあいだ、川越から江戸へは農産物などの特産品を、江戸から川越には作物のための肥料を運ぶ手段として重宝され、明治期までに沿岸には二三カ所の河岸場が設けられていた。

だが、明治時代に入ると各地で鉄道が敷設されるようになる。一八八三（明治一六）年

には日本鉄道（現・JR）高崎線《たかさき》が開通し、川越周辺から東京へ行く場合、乗合馬車で大宮駅へ行き、そこから高崎線を利用する人が増えはじめた。

これを見た星野は、舟運だけでは今後の物流に対応できないといち早く察知し、新河岸川と川越街道の中間に鉄道を敷設しようと考えたのである。そうして一九〇二（明治三五）年、池袋村から上板橋《かみいたばし》村、下練馬《しもねりま》村、白子《しらこ》村、膝折《ひざおり》村、志木《しき》町、福岡村、小仙波《こせんば》村を経て川越《かわごえ》鉄道の停車場へと至る京越鉄道を計画した。しかしこの計画は、一九〇四（明治三七）年の日露戦争勃発により中止となってしまう。

そんなとき星野が出会ったのが、初代東武鉄道社長の根津嘉一郎である。星野は根津を説得し、一九〇九（明治四二）年、ついに東上鉄道の名で建設計画がまとまった。鉄道敷設のための用地買収の際は、星野自らが地域住民を説得したという。

また、星野はやがて舟運がなくなったとしても、上福岡を交通の要として残すためには駅を設置することが重要だと考え、多額の資金を提供して駅の設置に尽力した。

上福岡駅にある記念碑は、星野が行なった東上鉄道の誘致と駅開設の功績を讃えるものだったのである。

「志木駅」設置に尽力した井下田慶十郎

開業当時の東上鉄道路線図

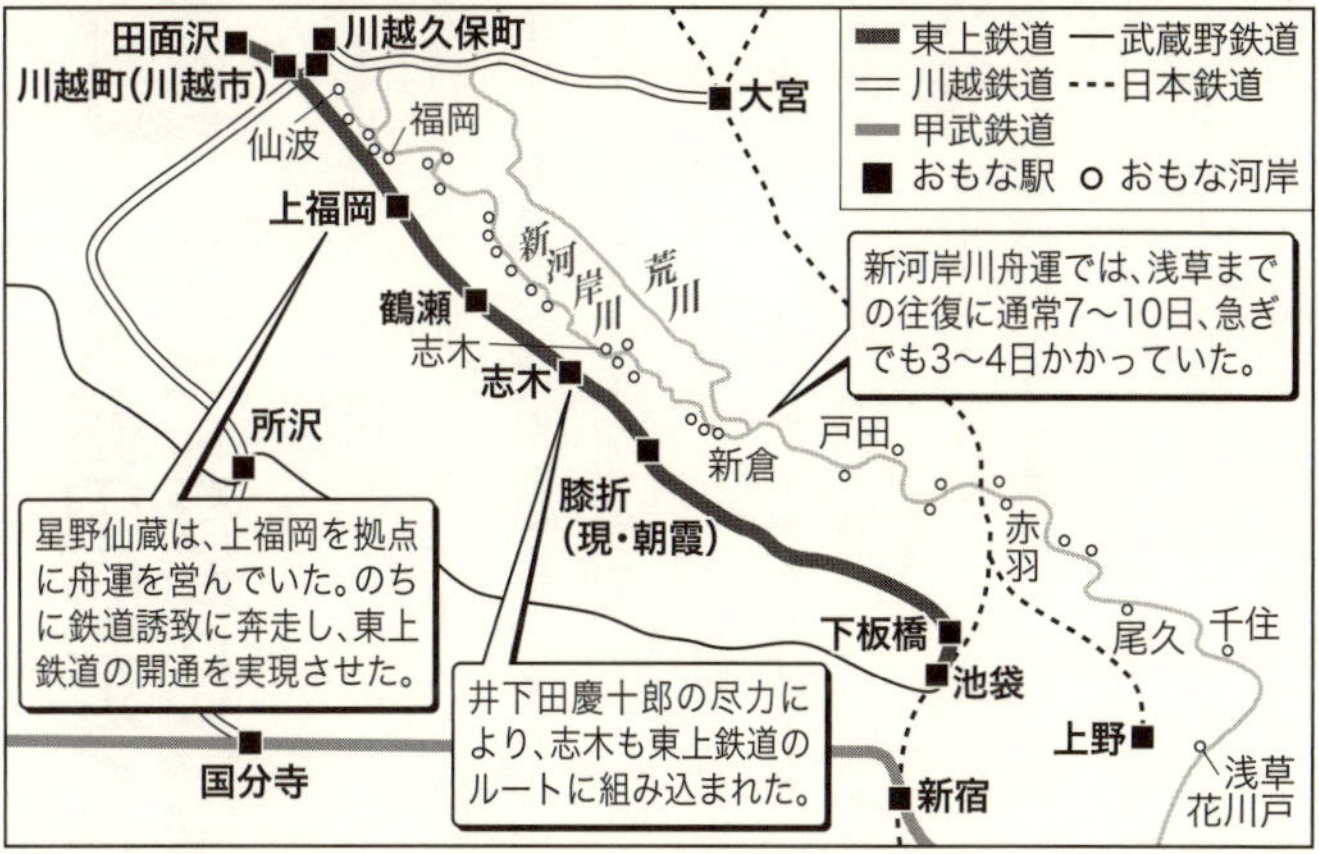

日数がかかる舟運はいずれ衰えると予想した星野の尽力により、東上鉄道が誕生。物流のスピードアップにつながった。

東上線の駅を誘致するために奔走した人物は星野だけではない。志木の回船問屋の井下田《いけだ》慶十郎《けいじゅうろう》もその一人だ。

当初の計画では、東上鉄道は志木駅周辺を通らず、新河岸川から四キロメートル南の川越街道に沿って走る予定だった。そこで井下田は土地提供などの協力を申し出て熱心な駅の誘致活動を行なった。この結果、当初の計画からルートが二キロメートルほど北上し、志木駅が開業されるに至ったのである。

こうして発展に尽くした功労者として讃えられた井下田慶十郎は、戒名に「交通院慶運東上居士」と授けられ、現在も志木市内の墓所で眠っている。

ＪＲ鶴田駅近くにある建築物は、かつて存在した橋の名残

大谷線

※廃線

ＪＲ日光線の鶴田《つるた》駅近くには、石造りの橋台跡が残されている。また付近には、東武鉄道の社有地と示された幅の狭い道路があり、宇都宮《うつのみや》線のおもちゃのまち駅前には蒸気機関車（五号蒸気機関車）が展示されている。じつはこれらはすべて、かつて走っていた東武鉄道の大谷《おおや》線の遺構である。

東武鉄道は一九三一（昭和六）年に宇都宮線を開業したが、これに合わせ、宇都宮を拠点としていた宇都宮石材軌道を合併し大谷線とした。同線は、大谷市の市街地から西北へ八キロメートルほどいった大谷町（旧・城山村荒針《しろやまむらあらはり》）から産出される岩石・大谷石を運搬するために建設された。

大谷石は古くから大規模な採掘が続けられてきたが、飛躍的に需要が伸びたのは一九二三（大正一二）年に関東大震災が起きた後だ。

アメリカの建築技師フランク・ロイド・ライトの設計で大谷石を用いて建築された旧帝国ホテルが、震災による被害を最小限にくい止めたことで、その耐火耐震性の優秀さが認

かつて存在していた大谷線

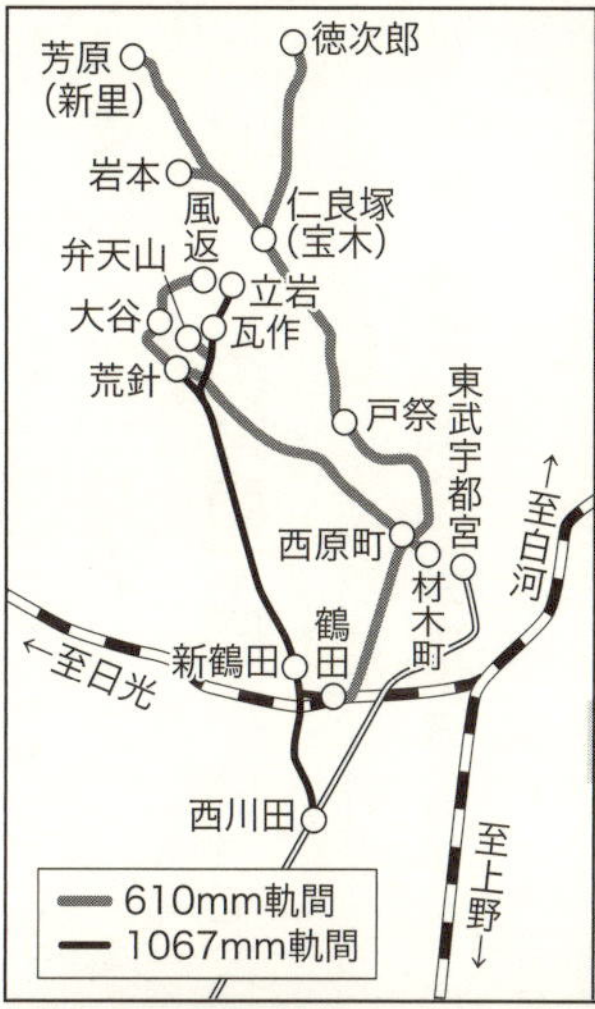

1896(明治29)年	宇都宮軌道運輸株式会社が設立。
1897(明治30)年	西原町から材木町に延長される。
1900(明治33)年	宇都宮市西原町～城山村荒針間6.3kmの人車鉄道(軌間610mm)が完成。のちに荒針から分岐し、ひとつは瓦作、もうひとつは立岩に延長。
1903(明治36)年	西原町から国鉄鶴田駅までの軌道ができる。
1906(明治39)年	宇都宮運輸軌道が宇都宮石材軌道と改称。
1915(大正4)年	国鉄鶴田駅～荒針間の蒸気鉄道(軌間1067mm)が開通。
1929(昭和4)年	荒針から立岩まで延長。
1931(昭和6)年	宇都宮線開通に先立ち、東武鉄道が宇都宮石材軌道を合併。東武西川田駅と接続する。
1932(昭和7)年から1964(昭和39)年	順次運輸路線が廃止される。

大谷線は大谷町の特産である大谷石の運搬のために敷設された宇都宮石材軌道をそのルーツとする。

JR鶴田駅のそばに残る橋台跡。現在は草に埋もれるばかりだが、かつては大谷線の線路を支える大役を担っていた。

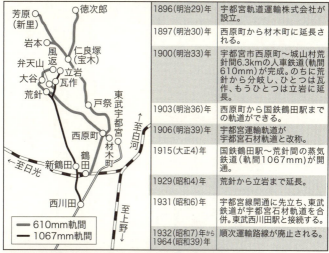

められ一躍脚光を浴びたのである。また、軽量で加工がしやすく、見た目も美しいことから、建築資材として最適だった。

トラックの台頭で廃止された大谷線

大谷線の前身である宇都宮石材軌道は、一九世紀の終わりに、石材採掘業者たちの出資により設立されたふたつの軌道を前身としている。一方は一〇六七ミリメートル、もう一方は六一〇ミリメートル軌間であり、当初は、貨車を後ろから二人がかりで押して運ぶ人車鉄道だった。

東武鉄道はこの鉄道を合併し、前者を国鉄や自社の路線と接続させた。国鉄鶴田駅まで延伸して接続し、さらに合併を機に、東武宇都宮線の西川田《にしかわだ》駅とも接続したのである。一方で、六一〇ミリメートル軌間の路線は段階的に縮小していった。

こうして輸送ルートが整ったが、まもなく石材輸送の主役は徐々に鉄道から積み替え回数の少ないトラックへと変わり、一九六〇年代に入るとそのほとんどをトラック輸送が占めるようになった。こうして、一九六四（昭和三九）年、大谷線は全線が廃止されてしまったのである。

何のため？　上板橋駅の道路のど真ん中に立つケヤキの謎

TJ 07
上板橋
かみいたばし
Kami-itabashi

板橋《いたばし》区を東西に走る川越街道（国道二五四号）は、一五世紀に太田《おおた》道灌《どうかん》が自ら築いた江戸城と川越城を結ぶために整備した道だといわれている。江戸から熊谷宿を経て越後や信州へ向かう最短距離として重要視されていた。

ただ、当時の道は、今の旧川越街道に当たり、現在の川越街道は一九四四（昭和一九）年に造成された幅二五メートルの新しい道路である。

この新川越街道には名物がある。東上線の上板橋《かみいたばし》駅から城北中央公園《じょうほくちゅうおうこうえん》に向かう途中に、立ち並ぶ五本のケヤキである。街道造成時からあり、地元では「五本けやき」の愛称で親しまれている。

道にケヤキが立っているだけなら別段珍しくはない。しかし「五本けやき」は、道路の中央にわざわざ舟形の安全地帯を設け、そこに植えられている。街道造成時に切り倒されず、一直線に伸びる川越街道にふくらみを持たせてまで残されることになったのはなぜだろうか。

土地提供者の強い要求で残された五本のケヤキ

「五本けやき」は、もともとこの地の所有者で、当時上板橋村村長だった飯島《いいじま》弥十郎《やじゅうろう》の屋敷内の林にあったものだ。

川越街道の建設予定地に屋敷があり、飯島はケヤキを伐採することを許さなかった。そのため国はやむをえず、道路建設予定地に舟型の除地をつくってケヤキを保護することにしたのである。なぜそこまでケヤキを残すことにこだわったのか。

国が軍事用道路として川越街道を造成しようとしていたため、木を残すことで抗議の姿勢を示したという説や、若くして病気で亡くなった妻の錫《すず》が、ケヤキのそばでテニスを楽しんでいたことから、妻との思い出のケヤキを後世まで残したかったのだといった説があるが、その理由ははっきりしていない。

残されたケヤキは、いつからか「五本けやき」の愛称で親しまれるようになった。だが今から四五年ほど前に撮影された写真を見ると、ケヤキが三本しかない。

一九六九（昭和四四）年に一本が枯れ、一九七〇（昭和四五）年にも排気ガスや給水不足でさらに一本枯れてしまい、三本しか立っていない時期があったのである。

しかし、「五本けやき」なのに三本ではおかしいと、子どもたちから疑問の声が上がり、地元の有志により二本植樹されたのだという。現在も「五本けやき保存会」や板橋区が保護に努めている。飯島が強い意志で残したケヤキは、今や川越街道の上板橋付近のランドマークとなり、武蔵野の面影を今に伝えているのである。

「五本けやき」。片側3車線の道路をへだてるように5本のケヤキが並び立つ。

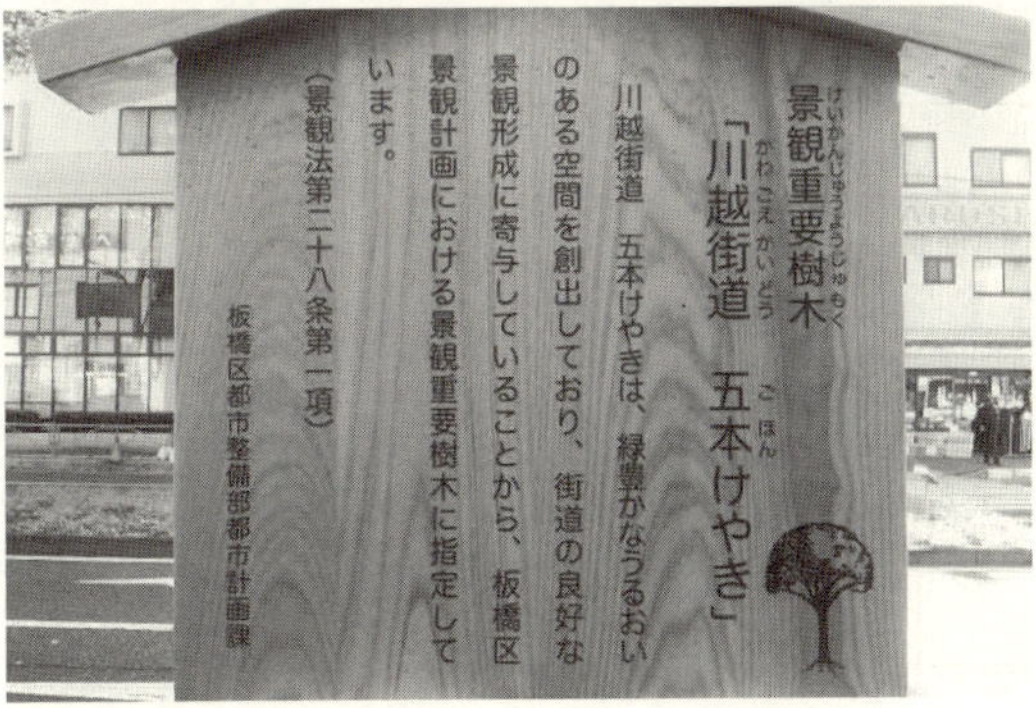

ケヤキの根元近くの立札から、五本けやきが景観重要樹木として大切に保存されていることがわかる。

福法寺の山門は、かつての古河城の門を引っ越しさせたもの!?

TN
05

新古河
しんこが
Shin-koga

日光線の新古河《しんこが》駅から徒歩一五分ほどのところにある福法寺《ふくほうじ》は、親鸞《しんらん》の弟子である正順《まさより》坊《ぼう》が開基したとされる古刹《こさつ》である。

この寺で注目すべきは山門だ。門は、唐破風《からはふ》づくりの屋根を持ち、高さ六一五センチメートル、幅九三七センチメートルという堂々たる構えである（左ページ写真参照）。これは、もともとは古河城の二の丸御殿の門。つまり寺の山門に城の門が使われていることになる。なんとも不思議な話である。

古河城は、室町時代後期に造営され、西を渡良瀬《わたらせ》川、東を広大な水堀が囲い、水運や交通、物流の拠点でもあった。古河は古来、足利《あしかが》家の直轄地である下河辺荘にあった。政治、軍事上の重要地点であることに加え、日光街道の宿場町でもあることから、江戸時代には幕府と密接な譜代大名が封じられる地となっていた。完成した古河城には、日光に参詣する歴代の徳川将軍も宿泊していたといわれる。

ところが、明治時代の終わりから昭和初期にかけて、渡良瀬川の改修工事が行なわれた

福法寺山門。多少古びてはいるが、しっかりと保存されており、往時の城がいかに立派であったかがしのばれる。

際に城の南半分が地下に埋まってしまった。そのため現在は郭《くるわ》や堀を除いて、痕跡がほとんど残っていない。

そんななか、二の丸御殿の門だけは、取り壊される前に福法寺の檀家が払い下げを受けていた。そしてその檀家が、門を福法寺に寄進したため、破壊を逃れる結果となったのである。

一方、幻の古河城だが、最近になって河川改修の前後の様子を描いた図面が発見されている。しかもその図面は、近代の測量技術で作成されており、城の正確な位置や、本丸、菱櫓《ひしやぐら》（菱形の櫓）の標高が初めて明らかになった。いつか、古河城のありし日の姿が復元される日が来るかもしれない。

TD
23

豊四季
とよしき
Toyoshiki

柏市に日本で唯一の木釘記念碑が建てられている理由

東武アーバンパークライン（野田線）豊四季《とよしき》駅のほど近くにある稲荷神社の公園には、「木釘《きくぎ》記念碑」と刻まれた大きな碑が建っている。

木釘とは、木を細長い円錐または角錐状に削って、火で煎《い》り硬くした釘のことで、米飯を練った続飯《そっくい》という糊を併用して、木材を組み合わせるのに用いる。たんすや桐箱などを組み立てる際の必需品で、昭和三〇年ごろまで豊四季の特産品として知られていた。

公園の木釘記念碑は、一九二六（大正一五）年に建てられた。その碑文には「木釘製造ノ業ハ明治二年当所北島善十郎氏ノ始ムルトコロニシテ」とあり、木釘の製造が明治のはじめから行なわれていたことが記されている。また、「今ヤ里人ノ此ノ業ニ従ワザルモノ殆ドナシ」と記されていることから、一人の住民が始めた産業が拡大し、里の人々のほとんどが木釘づくりをするようになっていたことがわかる。

数字を冠した地名が連なる理由

豊四季の周辺は、江戸時代には幕府直轄の放牧場で馬の育成が行なわれていた。森田保編著『千葉県謎解き散歩』（新人物往来社）によれば、明治時代になると新政府はここを開墾するため、かつての御家人や生活のあてのない町人などに職業訓練を施した上で移住させた。移住地には開発順に初富《はつとみ》、二和《ふたわ》、三咲《みさき》、豊四季、五香《ごこう》、六実《むつみ》、七栄《ななえ》、八街《やちまた》、九美上《くみあげ》、十倉《とくら》、十余一《とよいち》、十余二《とよふた》、十余三《とよみ》と、数字を冠した地名が付けられ、豊四季という地名はこのとき以来のものである。

土地はやせており、開墾は困難続きだった。だが、事前に受けていた民具や燃料づくりの訓練が功を奏す。あたり一帯に木釘の材料となるウツギの木が多く自生していたことから、住民たちは副職として木釘づくりを行なったのだ。

かくして、同地は木釘の一大生産地となった。この地で作られた木釘は、全国の木工家具に使用され、一時は海外にまで輸出されていた。だが、接着剤や洋家具の普及により次第に衰退し、今では生産する家もなくなり、現在は記念碑が残るのみとなってしまったのである。

第四章

沿線で見つけた！ 不思議スポット

ホームが花壇になっているメルヘンチックな駅がある!?

芦場
よしば
Yoshiba
※廃線・廃駅

栃木県には、かつて鬼怒川《きぬがわ》線の新高徳《しんたかとく》から国鉄（現・ＪＲ）東北本線の矢板《やいた》を結ぶ路線が存在していた。東武鉄道の矢板線だ。

矢板線は、下野《しもつけ》電気鉄道の路線として一九二四（大正一三）年三月に高徳《たかとく》～天頂《てんちょう》間が開通。非電化で、軌間は七六二ミリメートルであった。一九二九（昭和四）年一〇月に天頂～矢板間が開通したが、こちらは一〇六七ミリメートル軌間で、合わせて既開業区間も改軌された。東武鉄道が同社を買収して支線としたのは一九四三（昭和一八）年五月のことである。

しかし、矢板線は東武鉄道の支線となってわずか一六年後の一九五九（昭和三四）年六月に全線が廃止となった。矢板線の沿線は農山村地帯で、当時の人口は三万五〇〇〇人にも満たず、利用客が少なかったからだ。

開業当初こそ沿線にあった日光鉱山や天頂鉱山から産出する銅などの鉱物を運び、沿線の林産物搬出を行なうなど貨物線としての役割を果たしていた。しかし、林産物が減少し、

旧芦場駅。かつてのホームには色鮮やかな花が植えられている。その中央には「芦場新田駅」の看板が立てられている。

鉱山も衰退して生活路線としての機能に重きが置かれると、完全な赤字路線となってしまったのである。

矢板線が廃止されたあとは、鉄道に代わりバスが運行されることになった。

このように、路線は消滅してしまったが、その跡地を歩いてみると、廃線から半世紀以上が過ぎた今でも多くの遺構を目にすることができる。線路跡は生活道路や自転車専用道路などになっていて、その周辺にホームの一部やトンネル跡などが数多く残されている。

花壇に変身したかつてのホーム

遺構のなかでもとくに当時の面影を残しているのが芦場《よしば》駅だ。芦場駅は日光鉱山の最寄り駅として、かつては鉱石や木材の積み出しで大いに賑わっていた。

芦場駅があった場所には、かつてのプラットホームがそのまま残されているが、その様子は当時と明らかに異なっている。なんとホームの上に、色とりどりの花々が植えられているのだ。

じつは、地元の老人クラブのお年寄りたちが、毎年春になると花を植えているのだという。かつてのホームは見事な花壇に生まれ変わり、「芦《よし》場《ば》新田《しんでん》駅　やすらぎのお花畑」と書かれた看板も立っている（九七ページ写真参照）。

ただ、ここで不思議な点に気がつく。看板に「芦場新田駅」と書かれていることだ。駅の歴史を調べても、かつてそのように呼ばれていた記録はない。

塩《しお》谷《や》町《まち》生涯学習センターは、あくまで推測にすぎないとことわった上で、周辺の地名からそのように表記してしまったのではないか、と述べている。芦場新田は江戸時代から使われてきた地名で、その由来はこのあたりに芦や萱《かや》などの草が茂っていたためと伝わる。そのため、もともとの地名を使った看板を立てたのかもしれない。

のどかな田園地帯に、ポツンと残る古いホームとそこに咲く季節の花々。かつての芦場駅は駅としての役割を終えたが、訪れる人々を楽しませる花畑として、今も地域の顔となっているようだ。

東上線

入間川の左岸に見える レンガ積みの遺構の正体とは？

池袋《いけぶくろ》〜寄居《よりい》を結ぶ東上線《とうじょうせん》は、総延長七五・〇キロメートルの間に黒目川《くろめがわ》や柳瀬川《やなせがわ》など複数の川を越えて走る。そのうちのひとつ、川越市《かわごえし》駅と霞ケ関《かすみがせき》駅の間にある入間川《いるまがわ》の陸橋を渡り、川を越えたあたりで右側に注目すると、ひっそりとたたずむ赤レンガづくりの古い建造物が目に入る。

この建造物を近くで見ると、高さは三メートルを軽く越える。周囲を調べてみても入口のようなものはなく、ただレンガが積み上げられた四角い箱にしか見えない。いったいこれは何なのだろうか。

じつはこの建造物は、一九一六（大正五）年に東上鉄道（現・東上線）が川越町《かわごえまち》〜坂戸《さかど》町間を開通した際に建設された旧・入間川橋梁の橋台跡である。

現在の入間川橋梁は、一九六四（昭和三九）年に東上線の複線化に伴って建造された新しい橋で、役目を終えたかつての橋梁が、その痕跡として今も橋台だけ残っているというわけだ。

近代化の歴史を今に伝える赤レンガ

旧・入間川橋梁の橋台は、長手と小口の段が上下で交互にあらわれるイギリス積みで、橋台の最上端部の笠石や地面との接地面、橋桁の台座部分は御影石《みかげいし》を使って補強されている。さらに、レンガの目地はセメントで接着されており、じつに頑丈なつくりだ。

日本では幕末の開国以来、コンクリートに代わるまで多くの建築物に赤レンガが使用された。赤レンガは、当時の日本の近代化の象徴であった。それらのレンガを主に製造していたのが、一八八八（明治二一）年に埼玉県榛沢《はんざわ》郡上敷免《じょうしきめん》村（現在の深谷《ふかや》市）で創業した日本煉瓦製造株式会社だ。

会社の設立と選地には、現在の埼玉県深谷市生まれで、日本資本主義の父として知られる渋沢栄一《しぶさわえいいち》が大きく関与している。

近代的建築を推し進めていた日本政府は、大量のレンガを必要としており、従来の手づくりによる小規模生産ではなく、機械による大規模な生産を行なうレンガ工場の建設を切望していた。

そこで、渋沢栄一の意向で上敷免にレンガ工場が建てられたのだ。

上敷免村周辺では、古くから瓦づくりが盛んに行なわれていたため、渋沢はここで上質

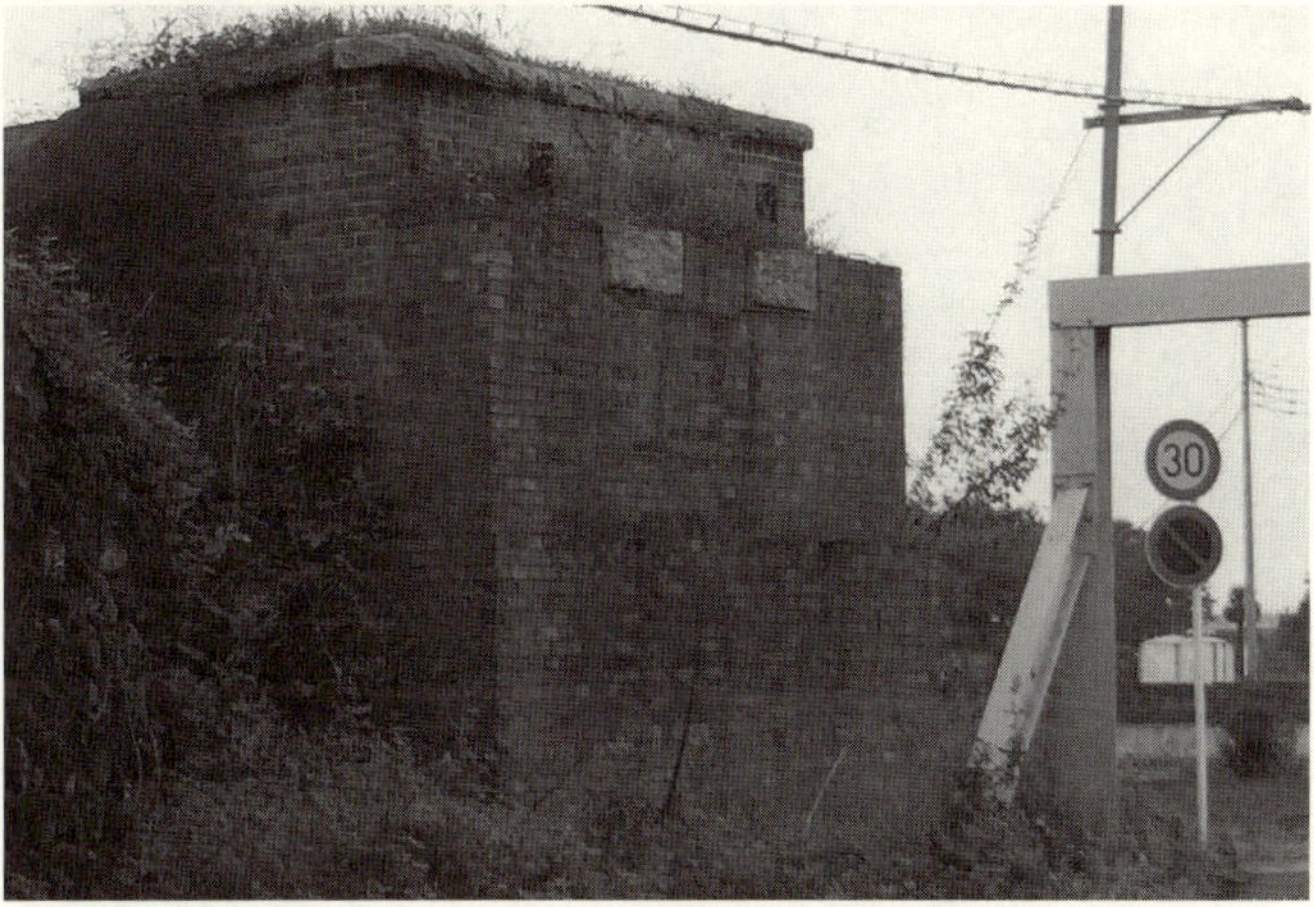

旧入間川陸橋の橋台跡。レンガづくりの遺構は、100年前のものとは思えないほどしっかりとその形を残している。

な粘土が得られることを知っていたらしい。橋台跡のレンガにもこの工場でつくられたことを示す「上敷免製」という刻印がある。

一八九四（明治二七）年に起きた日清戦争後には建築ブームが起こり、東京以外でもレンガ建築がつくられるようになったため、高品質な上敷免製のレンガの需要は増加。日本煉瓦製造株式会社は、上敷免の工場のほかにも潮止《しおどめ》（現・八潮《やしお》市）と亀有《かめあり》の三工場を有する一大企業へと発展し、そのレンガは日本の近代化に大きく貢献したのである。

東上線の車窓から見える赤レンガづくりの橋台は、こうした近代化の歴史を今に伝える、貴重な遺産のひとつといえるだろう。

西新井大師におわす、塩に埋もれたお地蔵様のヒミツ

TS
51

大師前
だいしまえ
Daishimae

大師《だいし》線の大師前《だいしまえ》駅を降りると、向かって右手に西新井《にしあらい》大師《だいし》がある。西新井大師は正式名を五智山遍照院總持寺《ごちさんへんじょういんそうじじ》といい、真言宗豊山派の寺院だ。地元では「お大師さん」と呼ばれ親しまれている。

さかのぼれば創建は一〇〇〇余年も前のことである。弘法大師《こうぼうだいし》がこの地を訪れた際に、悪疫流行に悩む人々のために十一面観音像と自身の像を彫り、二一日間の祈祷を行なった。すると人々の病気がたちまち治ったため、お堂を建てて祀ったのがはじまりだと伝えられている。

西新井大師といえば、西新井の地名由来にもなった井戸（一六六ページに詳述）や江戸時代後期に建立された素木《そぼく》造の門など見所が多い。しかしそのなかでも見た目にインパクトがあるのが山門をくぐった左側の小堂にある塩地蔵尊だ。

この地蔵、その名のとおり塩にまみれていて全身真っ白。お参りに来た人々は、手を伸ばして塩をいただいていると思えば、自ら塩を持ってきて地蔵にかける者もいる。かつ

塩地蔵尊。現在、参拝者は投げつけるのではなく、優しく振りかけるようにして塩をつけていた。

ては地蔵めがけて塩を投げつけるしきたりもあったといい、なんとも不思議な話である。

じつは塩地蔵尊は、江戸時代から「いぼ取り地蔵」とも呼ばれ、地蔵に付いている塩をいただいていぼに付けるか風呂に入れるかするといぼが取れるという、霊験あらたかなお地蔵様なのだ。そして、いぼが取れたら、お礼にその倍の塩を奉納することになっている。

つまり、塩の多さは、それだけご利益があるという証拠なのだ。

かくしてお地蔵様の塩は増え続け、長年に渡ってかけられ続けた塩で、真っ白に固まった状態で鎮座しているというわけである。

佐野市のお寺にオランダ人の木像が安置された理由

TI 34
佐野
さの
Sano

東武鉄道佐野《さの》線の佐野駅から車で二〇分ほど、佐野市の南西にある上羽田町《かみはねだちょう》に龍江院《りゅうこういん》という名の寺がある。林と田畑に囲まれた曹洞宗の寺院で、一四九四(明応三)年に、水戸の領主が水戸城内に開創したのをはじまりとする。

この寺はとても珍しいものを所有している。国の重要文化財に指定されている南蛮渡来の木造エラスムス立像だ。オランダ最古といわれる木彫像である。

この像のモデルであるデジデリウス・エラスムスは、一五世紀後半から一六世紀にかけて活躍した、オランダ(ネーデルラント)のロッテルダム出身の人文主義者である(左ページ写真参照)。この立像の高さは一四・五センチメートルほどで「エラスムス・ロッテルダム・一五九八」の洋文字が記された巻物を手にしている。

そして、佐野一帯では江戸時代からこの立像を「カテキ様」と呼んで親しんできた。像を拝むと、病気が治るなどのよいことがあると言い伝えられ、まるで仏像のように扱われてきたのである。それにしてもなぜ、オランダの人文主義者の立像を日本の寺院が所有しているのだろうか。

オランダの人文学者が「カテキ様」に変身！

エラスムスの立像が日本にやって来たのは一六〇〇（慶長《けいちょう》五）年のこと。この年、豊後《ぶんご》国臼杵《うすき》（現・大分県）に、オランダ船リーフデ号が漂着した。エラスムス立像は、このリーフデ号の船尾に取り付けられていたものだ。

デジデリウス・エラスムス。『痴愚神礼賛』や『平和の訴え』など、キリスト教の一致と平和をテーマとした著書を多く残した。

　リーフデ号は一五九八（慶長三）年六月、西インド諸島やアジアとの貿易活動のため、ロッテルダムを四隻の船とともに出港し、東洋を目指した。しかし、嵐やポルトガル船の襲撃などにあい、東洋まで辿り着くことができたのは船団のうちリーフデ号のみだった。そしてそのリーフデ号も暴風雨に遭遇し、大分県の海岸に漂着する憂き目にあったのである。

そして数少ない生存者のなかにいたのが、日本の教科書でもおなじみの船員ヤン・ヨーステンやイギリス人航海士のウィリアム・アダムズだった。彼らは、オランダからの珍客に関心を寄せた徳川家康《とくがわいえやす》の命で大坂に召し出され、その知識を重用された。

ヤン・ヨーステンは貿易で活躍し、彼が屋敷を与えられた土地は「八重洲河岸《やえす》」と呼ばれ、今もその名は東京駅東側に「八重洲」として残っている。ウィリアム・アダムズは、家康のもとで外交顧問として活躍し、「三浦按針《みうらあんじん》」の日本名を与えられた。

エラスムス立像が佐野に渡ったのは、当時幕府の御持筒頭をしていた旗本の牧野成里《まきのしげさと》が関係している。牧野がウィリアム・アダムズに砲術指南を受けた際にもらい受け、後に子孫が牧野家の代々の菩提寺だった龍江院に寄進したのだといわれている。

龍江院に寄進されるまでは、長らく牧野家の裏門近くのお堂に置かれていたようだ。

現在、エラスムス立像は東京国立博物館に寄託されており、複製が龍江院のある佐野市郷土博物館に展示されている。

沿線に梅若丸という子どもを祀る塚が二カ所ある不思議

TS06 TS27 TD10

鐘ヶ淵
かねがふち
Kanegafuchi

春日部
かすかべ
Kasukabe

隅田《すみだ》川に伝わる伝承のひとつに「梅若伝説」がある。能『隅田川』で描かれ、謡曲や浄瑠璃、長唄、戯作や小説にもなった有名な伝説である。

――ときは平安中期、公卿の吉田惟房《よしだこれふさ》に梅若丸《うめわかまる》という子どもがいた。梅若丸は父の死後、比叡山に入山するも宗門争いが起きて山を下りた。すると人買いにさらわれ、関東へ向かう途中で病気になり、隅田川のほとりで一二歳にしてこの世を去った。梅若丸は最期に
「たずね来て　問わばこたえよ　みやこどり　すみだ河原の露と消えぬと」
の一首を残したという。その後、行方を追ってこの地へとたどり着いた母は、息子の最期を知り、悲しみのあまり池に身を投じたという――

この梅若伝説ゆかりの地が伊勢崎《いせさき》線の鐘ヶ淵《かねがふち》駅から徒歩数分の場所、東京都墨田区にある木母寺《もくぼじ》である。九七六（貞元元）年に天台宗の高僧・忠円阿闍梨《ちゅうえんあじゃり》が梅若丸を哀れんで供養のために建てた草堂が寺の前身と伝わる。

この寺では江戸時代以来、梅若丸の命日とされる旧暦の三月一五日に大念仏興行が開催

され賑わっていたという。現在では四月一五日に謡曲の奉納が行なわれており、梅若塚は木造のお堂とともにガラスケースのなかに保存されている(左ページ上写真)。

だが、不思議なことに、この梅若伝説ゆかりの寺がもうひとつ存在しているのだ。

どちらが本家? 伝説を残すふたつの寺

その寺とは、野田《のだ》線の八木崎《やぎさき》駅から一五分ほど歩いたところにある春日部市の満蔵寺《まんぞうじ》である。寺の門前には、一間四方の小さな社に神像が一体納められた梅若社が建っている。脇には梅若丸を供養する梅若塚の碑と、みやこどりの碑が残されている。

『新編武蔵風土記稿《しんぺんむさしふどきこう》』によると、社はもともと古隅田川堤上の個人宅内にあったが、一八〇一(享和《きょうわ》元)年に現在地へと移されたのだという。このことから、満蔵寺は春日部《かすかべ》市に流れる古隅田川こそが物語の舞台と主張している。木母寺同様、毎年梅若忌の四月一五日に慰霊祭が開催されている。

こうなると、どちらが伝説を生んだ本家なのか気になるところだが、木母寺も満蔵寺も、我こそが本家本元だと主張して譲らず、真相はわからないままである。

木母寺境内の梅若塚。塚がまるごとガラスケースのなかにおさめられている。

満蔵寺境内の梅若社。木母寺の塚に比べると小振りなつくりとなっているが、なかには神像がおさめられている。

TN 40
東武宇都宮
とうぶうつのみや
Tōbu-utsunomiya

高さ二七メートルの巨大な観音様は、なんと手彫り

東武宇都宮《うつのみや》駅から車でおよそ二〇分のところに建つ大谷寺《おおやじ》は、坂東《ばんどう》三十三観音の十九番札所として、古くから多くの参拝者を集めてきた。この寺は、平安時代から鎌倉時代にかけてつくられた一〇体の磨崖仏《まがいぶつ》があることで知られている。

あたり一帯は、建築材の大谷石の産地である。大谷石は淡い緑青色の凝灰岩で、加工しやすく耐久性に優れていることから、石塀や土蔵などに広く用いられてきた。磨崖仏はその大谷石の洞窟の奥壁、大小四つの区域に彫られており、表面が粘土で覆われ彩色が施された貴重なもので、国の特別史跡、重要文化財に指定されている。本尊の千手観音菩薩立像は、弘法大師が一夜にしてつくったと伝えられ、高さ四・九メートルと大きなものだ。

だが、さらに度肝を抜かれる石像がある。大谷石をくり抜いた通路を抜けて寺の奥にある大谷公園に出ると、採石場跡に垂直にそびえる壁を背にして、高さ二六・九三メートル（八八尺八寸八分）の巨大な観音像が建っているのだ。しかも、平和観音と呼ばれるこの像は、すべて手彫りでつくられたものである。

平和観音の制作がはじまったのは、一九四八（昭和二三）年のこと。戦時中、大谷の地下工場に動員されていた石工・上野波造《うえのなみぞう》は、戦後、戦争で失った二人の弟をはじめとする多くの戦争犠牲者を供養し、世界平和を祈念するために仏像の建立を決意した。すると大谷観光協会や地元の人々もこれを後押しし、六年の歳月をかけ、一九五四（昭和二九）年二月に平和観音が完成したのである。

平和観音。像の腰あたりにある手すりの大きさを見ればそのスケールの大きさが想像できるだろう。

観音像の背後の岩壁には、階段が設けられているため中段まで上ることができ、大谷の街を一望できる。

一人の男の信念からつくられた平和観音は、そこから大谷の人々を見守っているのである。

吉見百穴には北海道の先住民が住んでいた？

TJ17 TJ29

鶴瀬 つるせ Tsuruse

東松山 ひがしまつやま Higashi-matsuyama

東上線《とうじょう》の鶴瀬《つるせ》駅から富士見《ふじみ》市役所を経由して三〇分ほど歩くと、富士見市立第三保育所がある。そしてその敷地の隣には、市の指定文化財になっている「コロボックルの碑」がある。

コロボックルとは、北海道のアイヌ伝説に出てくる小人のこと。「フキの下にいる人」という意味の言葉を語源とする。これはフキの葉の下に二人から三人も入れるほど小柄だったことに由来するという。伝説によると、北海道には、アイヌ民族が定住する前はコロボックルが住んでいたといわれている。漁業や狩りが得意で、竪穴《たてあな》の住居に住み、アイヌ民族とも友好に暮らしていた。

しかし、なぜ埼玉県の富士見市にコロボックルの碑が建っているのだろうか。

これは、明治時代にこの地で日本人の起源にまつわる大論争が起こったことに由来する。大論争の口火を切ったのは、明治時代の著名な人類学者・坪井正五郎《つぼいしょうごろう》である。東京大学在学中に「人類学の友」（のちの人類学会となる団体）をつくり、次いで『人類学雑誌』を創刊。自然人類学、民俗学、考古学を包括した幅広い意味での人類学を提唱した人物だ。

坪井は、石器時代の日本列島にはコロボックルが住んでおり、コロボックルこそが日本人の起源であると考えていた。

しかし、当時の学界で主流だったのは、「石器時代の日本列島にはアイヌ人が住んでいた」とするアイヌ起源説だった。このため、アイヌ説を支持する学者たちと、坪井とのあいだで激しい論戦が展開された。

このコロボックル論争は、一九一三（大正二）年、坪井が急逝したため、決着が着かないまま沈静化してしまった。

富士見市教育委員会によれば、一九〇七（明治四〇）年に富士見市の貝塚を調査した東京帝国大学の学士たちが、坪井のコロボックル説を支持。この調査の際、古墳時代の人骨と鉄刀を発見し、帝室博物館に寄贈したため、これを記念して建てられたのがコロボックルの碑だったという。

無数の穴が空いた吉見百穴の正体とは？

東上線沿線にはこのほかにもコロボックルにゆかりのある場所がある。東松山《ひがしまつやま》駅からバスで鴻巣《こうのす》方面へ一〇分ほど向かったところにある吉見丘陵だ。急斜面には、まるで蜂の巣

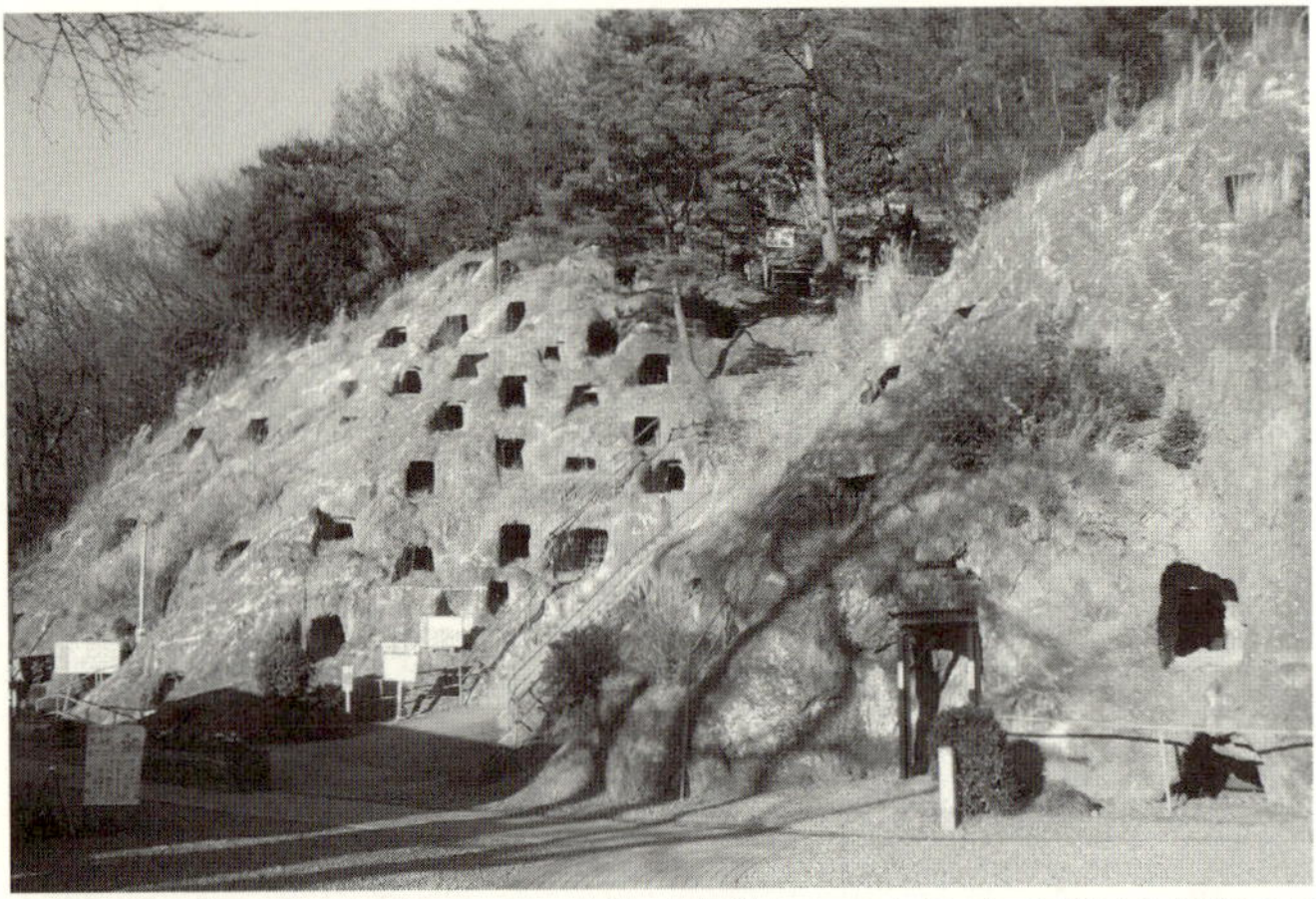

吉見百穴。「百穴」と名がついているが、「無数にある穴」の意。実際は219個穴があるといわれる。

のような穴が無数に開いた「吉見百穴《よしみひゃくあな》」がある。

ひとつひとつの穴は高さ一・五メートル、幅一メートル、奥行き一メートルほどである。不思議な穴として古くから知られ、文化文政期（一八〇四～一八三〇年）の『新編《しんぺん》武蔵《むさし》風土記稿《ふどきこう》』にも記されている。

坪井は一八八七（明治二〇）年、この吉見百穴を丹念に調査した。そして、近くの貝塚山から土器や石器を発掘し「ここはかつてコロボックルの住居だった」という説を発表したのである。しかし、現在では、吉見百穴はコロボックルの住居ではなく、六世紀から七世紀にかけてつくられた横穴式の墓群であるとされている。

柳瀬川沿いで世界にひとつだけの桜を発見！

TJ 15
柳瀬川
やなせがわ
Yanasegawa

東上線の柳瀬川駅は、一九七九（昭和五四）年一一月八日に新設された比較的新しい駅である。駅名は、所沢の狭山湖《さやまこ》を水源とし、新河岸川に合流する全長二五キロメートルの柳瀬川に由来する。

駅周辺の土手は桜の名所として知られており、毎年約三〇〇本のソメイヨシノが花を咲かせ、三月下旬には桜まつりが開催されている。

柳瀬川の桜のなかには、世界でここだけにしかない非常に珍しい木があることをご存じだろうか。志木《しき》市天然記念物に指定されている「チョウショウインハタザクラ（長勝院旗桜）」である。柳瀬川駅から一〇分ほど歩いたところにあり、幹まわりが三・〇七メートル、高さ一一・二〇メートルで、樹齢四〇〇年以上といわれる。ヤマザクラの変種だが、よく見るとほかの桜とは明らかに異なる特徴がある。

普通、桜の花弁は五枚だが、チョウショウインハタザクラは、六〜七枚の花弁を持つものが多い。多い分の花弁は雄しべが変化したもので、旗状となっているため、旗弁と呼ばれる。また、花が大型で、花弁の形が楕円形になっており、花びらの色はほとんどが白色である。ほかの桜にはない特徴を持つことから世界で唯一の桜であることが認められたのである。

伐採の運命から救われた

チョウショウインハタザクラを発見したのは、志木市の「はたざくら保存会」の会長・尾崎征男氏である。尾崎氏は一九八〇年代、全国の桜を見て回っていたとき、地元の長勝院にある桜の花の形がほかの桜とは異なることに気が付いた。

ちょうどその頃、この桜の木を切り倒そうという話があったが、尾崎氏による保存活動の甲斐もあり、一九九三（平成五）年、市の天然記念物に指定されることになったのである。その後、学者に桜の調査を依頼し、一九九八（平成一〇）年九月、研究誌『櫻の化学』で新種であることが発表されたというわけだ。

チョウショウインハタザクラを一目見ようと春には多くの人が訪れ、花の塩漬けを練り込んだ「はたさくらまんじゅう」が名物になるなど、今では志木市のシンボルとなっている。

チョウショウインハタザクラ。野生のヤマザクラの変種だが、一般的なヤマザクラに比べて少し幹が太い(抜井俊氏提供)。

チョウショウインハタザクラの花びら。大振りで1枚1枚が広楕円形となっている。また、花びらの数が6枚や7枚になることがある(抜井俊氏提供)。

ジャイアンツの魂は東京や宮崎ではなく、群馬に宿る！

TI 10

館林
たてばやし
Tatebayashi

伊勢崎線、佐野線、小泉《こいずみ》線が乗り入れる館林《たてばやし》駅の駅舎は、洋館風のデザインで二階の寄《よせ》棟《むね》造りの屋根とアーチ型の正面が目を引く。開業は一九〇七（明治四〇）年だが、現在の駅舎が建築されたのは一九三七（昭和一二）年のこと。平屋づくりが多かった当時、二階建ての駅舎は珍しかった。

このモダンなデザインの駅舎の前に「不屈のG魂誕生の地」と刻まれた石碑がある。「G」とはプロ野球球団の読売ジャイアンツのことである。ジャイアンツの本拠地といえばもちろん東京だ。キャンプ地としては宮崎が知られているが、そのどちらでもなく、群馬県の館林がG魂誕生の地であるとは、いったいどういうことなのだろうか。

じつは、現在館林駅のそばにある関東学園の陸上競技場の場所には、かつて「茂林寺《もりんじ》球場」とも呼ばれた分福《ぶんぷく》球場という野球場があり、この地でジャイアンツのプロ精神が誕生したといわれているのである。

館林駅の目の前に建つジャイアンツの記念碑。その隣には茂林寺といえば……のタヌキ像があり、お出迎えしてくれる。

伝説となった
群馬・茂林寺の猛練習

「不屈のG魂」が誕生したのは、一九三六（昭和一一）年のことだ。ジャイアンツは一九三四（昭和九）年一二月に大日本東京野球倶楽部として誕生した。一九三五（昭和一〇）年一二月に大阪タイガース（現・阪神タイガース）が誕生すると、さらに五球団が次々と誕生した。

こうして一九三六年から初のリーグ戦が開催された。しかし第一回目のとき巨人軍はアメリカに遠征していたため、七月のトーナメント戦から参加した。巨人軍は「大リーグに匹敵する強豪チーム」という宣伝文句を掲げていたが、アメリカ帰りという慢心から練習を怠る選手がほとんどで、結局優勝することはできなかった。

これに危機感を覚えたのが監督の藤本定義《ふじもとさだよし》だ。何より藤本が憤ったのは、試合に負けても選手たちが悔しがらなかったことだ。このままではいけないと感じた藤本は、茂林寺球場で緊急キャンプを行なうことにしたのである。

キャンプは九月五日からはじまった。酷暑のなか、特訓のあまりの厳しさに球場横の松林へ駆け込み嘔吐する者もいたという。それでも藤本は「私が倒れるか、選手が倒れるか」という熱意でノックを打ち続けた。

この気迫が気の緩んでいた選手たちの魂を揺さぶった。わずか八日間だったが、キャンプ後の秋の公式戦では、エースの沢村栄治《さわむらえいじ》が日本プロ野球初のノーヒットノーランを達成するなどの活躍を見せ、見事に巨人軍は優勝した。

当時助監督だった三原修《みはらおさむ》は、著書『風雲の軌跡』のなかで「いわれてやるのなら、だれにでもできる。それより、よしオレもやってやろう、と自分で思ったとき、真の職業意識が生まれてくる。その意味で、この茂林寺は巨人軍の魂が誕生したところといえるだろう」と述べている。館林の地が常勝軍団を築き上げる礎をつくったことを後世に語り継ぐため、二〇〇九（平成二一）年、ジャイアンツ創立七五周年に合わせて、館林市内の有志によって建てられたのが駅前の石碑なのである。

川越市駅近くの踏切で見られる世にも珍しい光景……

TJ 22
川越市
かわごえし
Kawagoeshi

毎年、重陽《ちょうよう》の節句を過ぎるころになると川越の街はそわそわしはじめる。一〇月中旬、川越の総鎮守である氷川神社の祭礼「川越祭り」が開催されるからである。

川越祭りは、慶安年間（一六四八～五一）に当時の川越藩主・松平信綱《まつだいらのぶつな》が神輿や太鼓、獅子頭などを奉納したのをきっかけにはじまったといわれている。今では「小江戸川越」を象徴する名物となり、三六〇年以上続く祭りをひと目見ようと、蔵づくりの街並みには九〇万人もの見物客が押し寄せる。

川越祭り最大の見所は、江戸の天下祭（現在の神田明神・神田祭）から影響を受けている山車《だし》である。

高さ八メートル、重さ五～六トンという豪華で巨大な山車が、川越の街なかを練り歩く。山車は三輪や四輪の上に囃子《はやし》台と鉾《ほこ》が乗り、さらにその上に人形が乗せられている。これは東京の山車にはない、川越ならではの特徴である。山車の数は年々増え、現在は約三〇台の山車が各町内から参加する。

川越祭りは夜の「曳っかわせ」で最高潮を迎える。二台、三台の山車が街なかで行き合うと、山車の囃子台がくるりと回っておたがいに向き合い、はげしく囃子を打ち合って踊り比べをするのである。

向かい合う数台の山車が、江戸の神田囃子の流れを汲む笛、太鼓、鉦《しょう》、踊りのにぎやかな囃子のなかで競い合い、若衆たちは提灯を高々と振りあげ歓声をあげる。踊りが相手方の囃子につられたら負けで、負けた山車は相手に道を譲らなくてはならない。この行事は、二〇〇五（平成一七）年に、国指定の重要無形民俗文化財に指定されている。

例年大変な盛り上がりを見せる川越祭りだが、祭りの準備の際に、東上線の川越市駅近くで、珍しい光景を目にすることができる。

祭りに参加するために踏切を越える

祭りに参加する山車は各町ごとにあるが、このうち、野田五町の山車「八幡太郎《はちまんたろう》」は、川越市駅の西側（野田神社）に保管されており、東側で行なわれる祭りに参加するために、東上線の踏切を渡らなくてはならない。しかし山車が巨大すぎるため、架線に引っかかってしまい、そのままでは運べない。

そこで、山車が架線に当たらない高さにするため、人形や鉾の部分を山車本体に収納し、

川越祭り。街にいくつもの山車が引かれ、互いに競い合う。豪快な祭りだ。

飾りなども外すことで半分ほどの高さにする。しかし、それでも架線と山車の頂上部分の距離は二〇センチメートルほどしかなく、ぎりぎりの高さだ。

この状態で、六本の線路の並んだ幅二七メートルもある大踏切を、次の電車が来るまでの一〇分のあいだに渡り切らなくてはならない。

それも、踏切の段差で山車が振動しないように気をつける必要がある。このように神経を使う移動は、駅長立会いのもと行なわれている。

野田五町の川越っ子たちばかりか、駅員や周辺住民も毎年神経を使いながら踏切を渡っているのである。祭りとはまた別の緊張感を味わうことのできる光景だ。

下総台地に残る謎の土手はなんのためにつくられた？

TD23
豊四季
とよしき
Toyoshiki

関東平野の南東部を占める下総《しもうさ》台地は、かつてここが下総国とされていたことから名付けられた。下総台地のあちこちには、高さ約二〜三メートルの土手が断続的に残されている。これらの土手が築かれた正確な年はわからないが、江戸時代、周辺の農民によって築かれたといわれている。もともとは一直線の長い土手だったとされるが、いったいなんのための土手だったのだろうか。

農民が土手を築かなければならなかった理由は、徳川幕府が軍馬と農耕馬を育てるために、ここに小金牧《こがねまき》（牧場）と佐倉牧を開いたことによる。幕府が開いた牧場といっても、現代の牧場のように柵で囲んだ場所に馬を放すのではなく、実態は、原野に馬を放し飼いにしただけのものだった。

下総台地は、富士山の噴火による火山灰が堆積してできたもので、土地がやせていたため、農作物の生産には適さず荒野として放置されていた。だが、もともと、周辺の村落などから迷い込んできた馬が野生化していたこともあり、幕府は自然放牧するにはこの地が

野馬除土手。柏市内のほかに流山市などでも目にすることができる。（松戸市教育委員会提供）

よいと判断したのだ。

こうして牧場がつくられたまではよかったが、周辺の村で馬による農作物の被害が急増。しかし野生の馬と違って、幕府の育てた馬を駆除するわけにはいかない。そこで田畑を守るために土手と堀を築き、人間と動物との生活環境を分断したのである。

一説にはその幅は約三メートル、総延長は一五〇キロメートルにも及んだといわれている。その目的から土手は「野馬除《のまよけ》土手」と呼ばれていた。それでも完全には防ぎきれず、農作物の被害には大変苦しんだという。

あちこちに残る土手は、馬と共存するために苦肉の策でつくられたものだったのである。

第五章

駅員さんに聞いてみたい！東武鉄道のヒミツ

西新井大師と西新井駅が離れている深〜い事情

TS
13

西新井
にしあらい
Nishiarai

真言宗豊山派の五智山遍照院總持寺《ごちざんへんじょういんそうじじ》は、一般に西新井大師《にしあらいだいし》と呼ばれ、古くから人々の信仰を集めてきた。江戸時代には関東七ケ寺のひとつとされ、川崎市に鎮座する川崎大師《かわさきだいし》と並び、厄除けや開運にご利益のある寺として親しまれた。

この寺の最寄り駅は、隣接する大師《だいし》線の大師前《だいしまえ》駅である。大師線開通前までは、東武スカイツリーライン（伊勢崎《いせさき》線）の西新井《にしあらい》駅が最寄り駅として利用されていた。ところが、西新井駅から寺までは徒歩一五分かかり、最寄り駅として利用するには少々不便だ。

じつは、西新井駅と西新井大師がこのような距離を置くことになったのには、複雑な事情があった。『東武鉄道百年史』によると、そもそも当初の計画では、西新井駅は路線に組み込まれていなかった。電車は北千住《きたせんじゅ》駅を出発し、南足立郡綾瀬村（現・足立区）から北上して同郡花畑村（現・足立区花畑）を通過すると、一気に埼玉県の草加《そうか》まで抜ける予定だったのである。ところが、鉄道敷設について予定地の住民から猛反対される。反対したのは、花又《はなまた》（現・足立区花畑）の住民たちだ。

足立区の郷土史『足立史談』によると、この地には大鷲《おおとり》神社があり、当時は、神社はもちろん周辺の人家もすべて茅葺きだったため、蒸気機関車が火の粉を散らして走り大規模な火災が起こることを恐れたといわれている。

しかしこの種の話は、近年では鉄道忌避伝説と呼ばれ、根拠のはっきりしない後年のつくり話が多いとされている。

一方で、西新井大師周辺の地域が熱心な路線誘致活動を行なったという話が残る。『東武鉄道六十五年史』に「西新井停車場用地八反九畝二十九歩一合八勺の買収（その代金は一切西新井大師總持寺より寄付払い）」と書かれていることからも、西新井大師が誘致に力を注いでいたことはどうやら事実らしい。西新井大師は参詣客の足になる鉄道が通ることを強く望んだのである。

この結果、一八九九（明治三二）年一月、東武鉄道は千住～草加間の路線計画を変更し、大きく弧を描いて西新井大師を経由することを決定した。ところが、またしてもこの計画の前に立ちはだかるものがいた。

鉄道会社と人力車組合の攻防の果てに……

西新井への駅設置に反対したのは人力車組合であった。当時、西新井大師への参詣客は、主に日本鉄道（現・ＪＲ）の北千住駅との間を人力車で往復していた。しかし、西新井大師のそばに駅ができてしまうと、人力車は不要になってしまう。鉄道誘致に熱心だった西新井大師としても、これまで参詣客の足として貢献してきた人力車組合を無下にすることはできなかった。

そこで西新井大師が東武鉄道と人力車組合との仲介役となり、折衷案として、西新井地域に鉄道を通すものの、駅は、西新井大師との往復に人力車を使う必要がある程の距離をとって設置することを提案したといわれている。

これならば、北千住駅から西新井大師までを往復する長距離の人力車利用客はいなくなるが、西新井駅と西新井大師の短距離の利用客は確保することができる。こうした事情が絡み、西新井駅は西新井大師から少しだけ離れているというのである。

駅開業後は東武鉄道も、西新井大師周辺の耕作地を買収し遊園地を開園するなど乗客誘致に力を入れていた。大きな池のあったこの遊園地は、多くの人で賑わっていたが、一九五九（昭和三四）年ごろには東武バスが車庫を設置するために池を埋め立て、参詣者用の駐車場を設置。現在その場所には、光明殿などが建ち並んでいる。

カーブを描く伊勢崎線

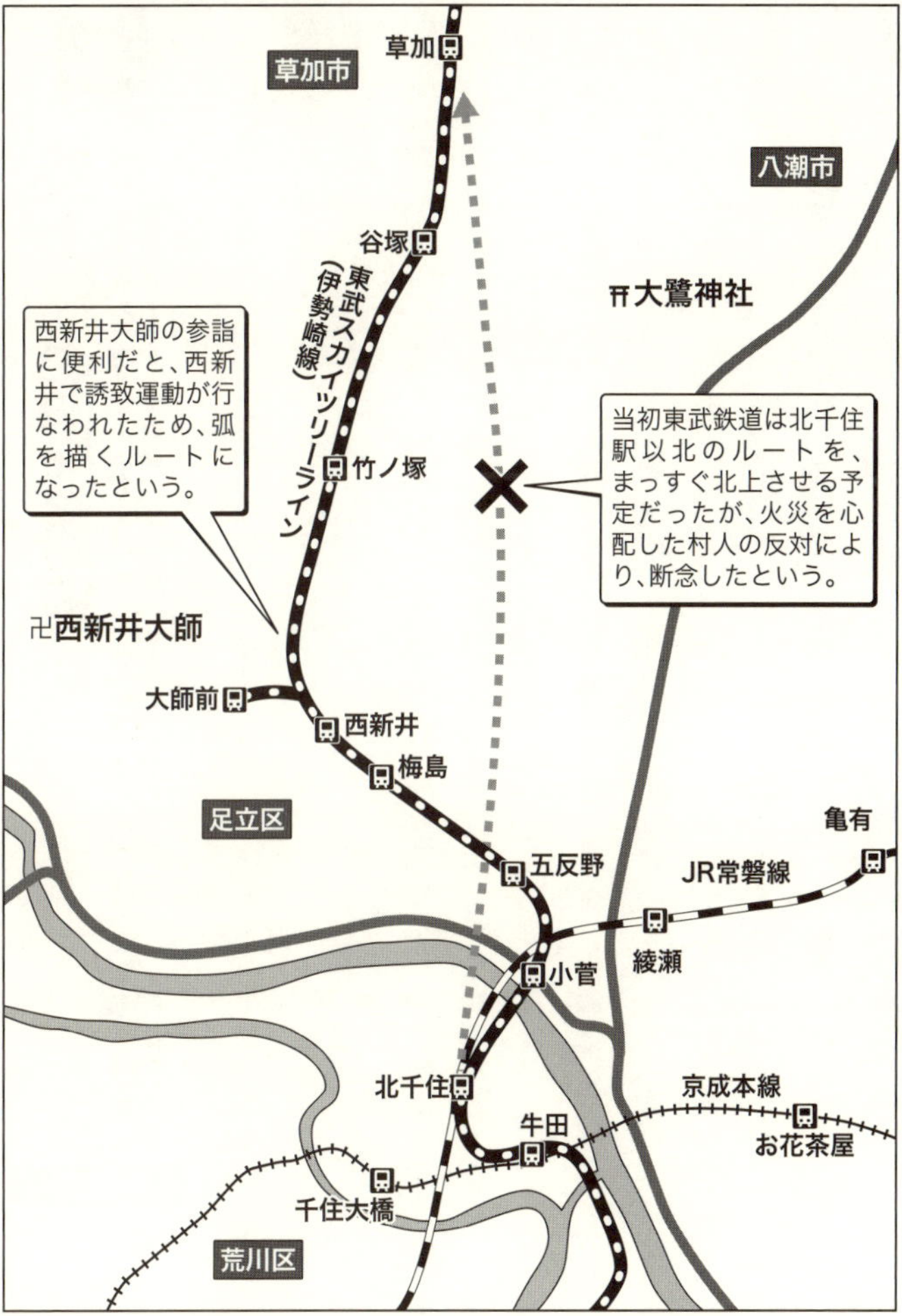

地図を見ると、北千住以北が不自然にカーブを描いていることがわかる。

東上線と伊勢崎線がつながらなかった理由は関東大震災

西板線

※未成線

今日ではほとんど知られていないが、東武鉄道には「西板線《にしいた》」という幻の路線が計画されていたことがある。

この計画が生まれたのは、一九二〇（大正九）年、東武鉄道が東上《とうじょう》鉄道と合併した直後のこと。東武鉄道は業務上の連絡や運用の一本化を図るため、伊勢崎線と東上線を結ぶ新しい路線を計画したのである。実現すれば、経営合理化につながるだけでなく、沿線の活性化や利用者の便益が図れ、乗降客の増加が見込めると期待された。

新路線は、伊勢崎線の西新井駅から大師前、鹿浜《しかはま》、神谷《かみや》、板橋上宿《いたばしかみしゅく》を経由して現在の環七通りにほぼ沿うように西に走り、東上線の上板橋《かみいたばし》駅に至る一一・六キロメートルを予定していた（左ページ図参照）。西新井の「西」と上板橋の「板」から西板線と名付けられたこの路線は、一九二二（大正一一）年に免許申請が出された。

東武鉄道はまず、西新井〜鹿浜間の用地を確保して工事に着手した。ところが、一九二三（大正一二）年九月一日、関東をマグニチュード七・九の大地震が襲った。未曾有の地

西板線計画路線図

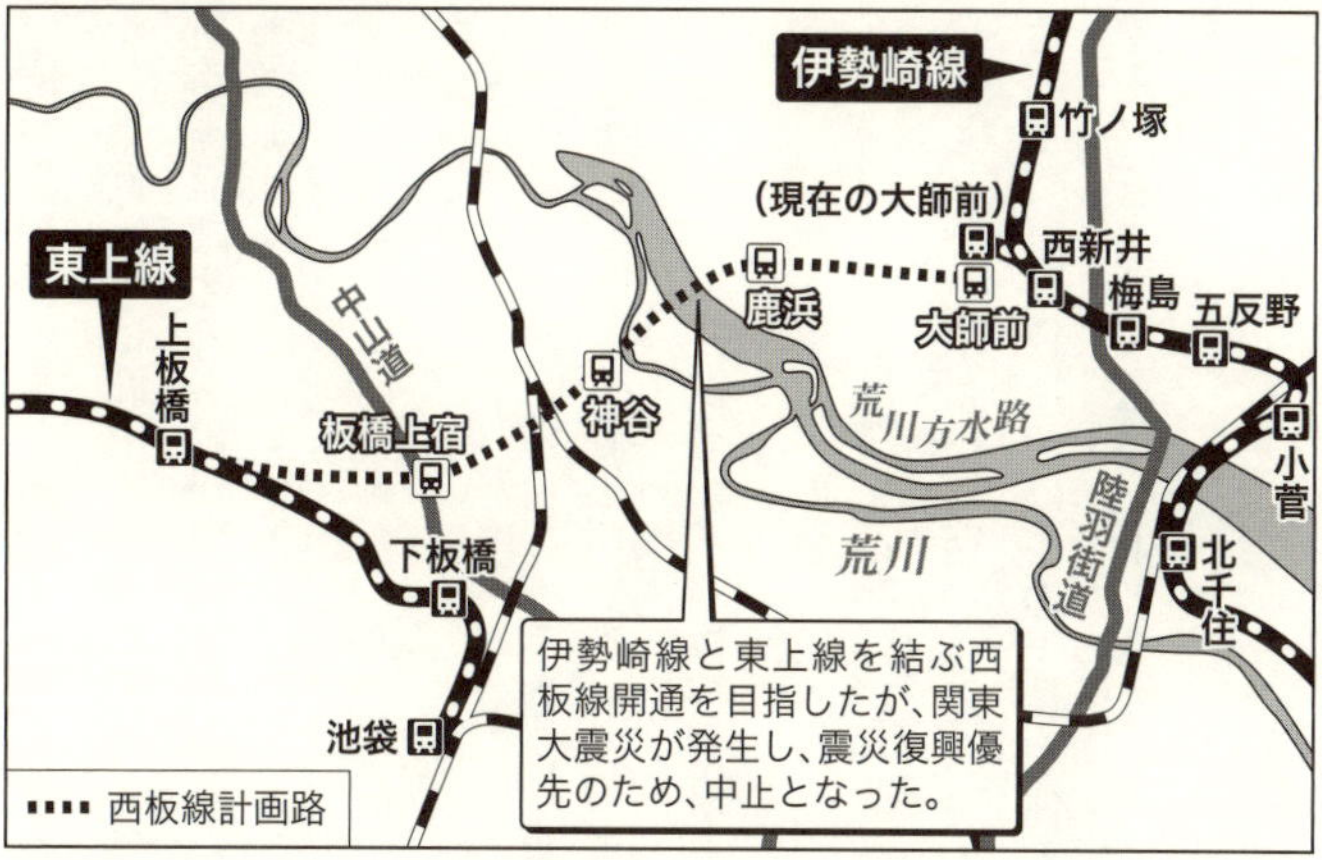

上板橋から西新井までを結ぶ路線がかつて計画されたが、関東大震災のため、たち消えとなった。

震災害といわれた関東大震災である。死者、行方不明者は合わせて一四万人以上にも上り、東京では全戸数の七割が焼失した。

この地震によって計画は一時中断されてしまう。新路線の建設よりも、震災からの復興が優先されたためだ。

また、鹿浜から上板橋までの未取得用地では急速に宅地化が進んだ。建設費も増大し、その後は不況が重なったことで新線計画を進められる状況ではなくなったのである。

東武鉄道最短の大師線と、東上線・ときわ台駅の秘密

一九三〇(昭和五)年になっても、鹿浜から上板橋間については、予定通りの用地を確保することができなかった。

結局西新井から大師前までのわずか一・一キロメートルが開通した一九三一（昭和六）年、東武鉄道は鹿沼〜上板橋間の起業廃止を決定。大師前〜鹿沼間も免許が取り消され、新路線計画そのものが白紙に戻された。そして唯一開通した西新井から大師前までの区間が大師線として残ったのである。

幻に終わった西板線だったが、計画が廃止される直前まで、東武鉄道は準備を着々と進めていた。

そのひとつが常盤台《ときわだい》の住宅地だ。東上線のときわ台駅の北側に当たる部分、西板線敷設予定地と東上線の線路に挟まれた一角に当たる地域である。じつはここは、一九二八（昭和三）年に東武鉄道が、西板線と東上線をつなぐ貨物駅用地として確保していた場所であった。

新路線計画が停滞するあいだ、ある退役軍人がこの地域を借り受けて「板橋飛行場」を設置し、遊覧飛行や航空パイロットの訓練などに使用していたという。計画が廃止になったあと、東武鉄道ではこの土地を住宅地として再開発した（六九ページに詳述）。そのアクセス駅として設置されたのが、今のときわ台駅なのである。

TN
55
鬼怒川温泉
きぬがわおんせん
Kinugawa-onsen

超マイナーだった鬼怒川温泉を一大温泉地にしたのは東武！

東京の奥座敷としてその名を知られている鬼怒川《きぬがわ》温泉は、関東でも有数の温泉郷のひとつである。温泉は摂氏五〇度の単純泉で、神経痛、リュウマチ、胃腸病などに効果があるといわれている。日光国立公園内の美しい鬼怒川渓谷もその魅力のひとつである。

一七世紀末頃から続く歴史ある温泉だが、かつては近場の人にしか知られておらず、わずかに地元の農家の人が訪れるだけの鄙《ひな》びた湯治場にすぎなかった。

鬼怒川の清流の両岸に、ずらりと旅館や高層建築のホテルが建ち並んでいる現代の光景からは想像もつかないが、明治時代半ば頃には宿泊施設がほとんどなかったのである。当時は下滝温泉と呼ばれ、鬼怒川をさらに九キロメートルほどさかのぼったところにある川治《かわじ》温泉と合わせても、温泉宿が二軒あるだけで、わずかに近隣農家の住民が訪れるだけだったという。

ここに着目した男がいる。東武鉄道初代社長の根津嘉一郎《ねづかいちろう》である。

東武鉄道の開発で発展した鬼怒川温泉

きっかけとなったのは、鬼怒川の上流に水力発電所ができたため川の水位が下がったことだった。一九一九(大正八)年に優良源泉が発見され、掘削工事がさらに進められると、第二、第三の源泉が掘り当てられたのである。だが、源泉発見の届出が出されたものの、長いことそのままになっていた。そこで東武は掘削工事を完成させ、周辺の開発も行なうと、一九三一(昭和六)年三月に敷地面積二三〇〇平方メートルの広大なホテルを建設。鬼怒川温泉ホテルと名付けると、その湧出泉をホテルに誘導しはじめたのである。

それと前後して東武は、日光《にっこう》線の開発とともに、今市《いまいち》～藤原《ふじはら》間を結ぶ下野電気鉄道(現・鬼怒川線)と直通運転して交通の便を図った。一九二七(昭和二)年には、あたり一帯を「鬼怒川温泉」と名付け、駅名も「下滝《しもたき》」から「鬼怒川温泉」に改称した。また浅草から鬼怒川温泉へ直通する特急列車を運転するなど観光客の誘致に力を入れた。

さらに根津は、山あいの旅館にもかかわらず、食膳に上るのが海の魚であることに疑問を呈し、山間の土地特有の、都会や海辺では味わうことのできない産物を提供するべきと考えた。『世渡り体験談』(根津嘉一郎著)には、「山の川では川魚を飼って鯉や鰻を料理したならば、値段の高い、日ましの海の肴などをわざわざ買い入れなくても済むし、又、

現在の鬼怒川温泉。最盛期に比べると旅館数は減少したが、今も関東からの観光客を中心に賑わう。

その方が、旅客に取っても喜びである」と記している。観光客目線での指摘は鬼怒川の魅力を開花させた。こうした努力の積み重ねによって、鬼怒川温泉は全国に知られる大温泉街へと成長を遂げた。

しかしバブル崩壊後に一度はさびれてしまう。日光へ向かう旅客が、ついでに鬼怒川温泉に立ち寄る程度というほど、その地位が低下した時期もあった。

二〇〇六（平成一八）年に「スペーシア」が新宿〜鬼怒川温泉間の直通運転を開始したことで、東京からの観光客を増やすことに再び成功したものの、その後の世界金融危機や東日本大震災の余波を受け、旅館や民宿の廃業が相次いでいることも事実である。

川越、川越市、本川越の統合はいつ実現するのか

TJ 21
川越
かわごえ
Kawagoe

埼玉県川越市の中心部には、JR川越線・東武東上線の川越駅、東武東上線の川越市駅、西武新宿線の本川越《ほんかわごえ》駅と、名前に「川越」が付く駅が三つもある。

このなかで最初にできたのは本川越駅で、川越鉄道（現・西武鉄道）が一八九五（明治二八）年に川越駅（現・本川越駅）として開業した。その後、一九一四（大正三）年に東上鉄道（現・東武鉄道）が六軒町駅（現・川越市駅）と川越西町《かわごえにしまち》駅（現・川越駅）を開業し、大正時代のうちに三駅が揃った。なお、国鉄川越線の開業は一九四〇（昭和一五）年のことである。

駅周辺に大規模な商業施設が集まっているのは川越駅から本川越駅にかけてだ。一方、美術館や博物館、蔵造りの街並みなど、観光スポットへのアクセスにもっとも便利なのは川越市駅である。その目的によって利用すべき駅は異なるが、駅名が似ているため、はじめて訪れる人にはややこしい。

また本川越駅と川越駅は一キロメートルほど離れているが、乗り換えのために徒歩で移

動する人が多く、駅間の移動には一〇分以上かかってしまう。

このように利用者にとって不便な状態の川越三駅だが、じつは昭和のはじめに、駅の統合が計画されたことがある。

大宮から川越を経て八高線に接続する国鉄（現・JR）川越線の計画が持ち上がったときに、三駅をひとつにまとめた「中央駅」建設案が持ち上がったのだ。設置場所に選定されたのは川越西町駅（現・川越駅）の西だったという。しかし地元商店街から反対の声が上がり、この計画は立ち消えになってしまった。

結果として、川越線は東武東上線の川越西町駅に乗り入れることになり、このとき駅名を川越駅に改称。西武新宿線の川越を本川越駅に改称した。西武新宿線と東武東上線の相互乗り入れを希望する声が長らく市民から上がっているが、実現しないまま現在に至っている。

再浮上した三駅統合計画

そんななか、二〇一一（平成二三）年、再び三駅の統合が提案された。その統合案は、川越市建築設計協会と東京電機大学理工学部が共同でまとめたものである。

統合案はふたつあった。ひとつ目が三駅の間で三線が交差するあたりの地下に統合駅を新設し、踏切をなくして地上部を緑地空間に変えるという案である。この案ならば地下化によって付近の踏切がなくなるため、乗客の利便性に加えて、周辺の渋滞を緩和することができる。

ふたつ目の案は、東武東上線の川越駅と川越市駅の二駅を統合し、その上で西武新宿線との交差点付近にJRの駅と別々に移設し、各駅を共通コンコースで結ぶという案だ。こちらの案は、共通コンコースによって人の流れが変わることをできるだけ防ぎ、地元商店街の痛手を抑えようと考えられた。

だが、計画が提案されてから、実現へ向けての具体的な動きは今のところないという。二〇〇五（平成一七）年には当時の市長が市議会において「前市長時代に三線合同計画はあきらめている」と述べ、「今後は川越市駅と本川越駅の連絡路を課題としたい」と答弁している。

実現のために必要と見込まれている三五〇〇億円の資金調達の目処も立っておらず、実現はなかなか難しい状況のようだ。

そんななか、川越市は二〇一六（平成二八）年三月までに本川越駅西口の整備計画を進めている。同駅には西口がないが、完成すれば川越駅までの乗り換え時間が五分程度短縮されると期待されている。

川越の3駅と改善案

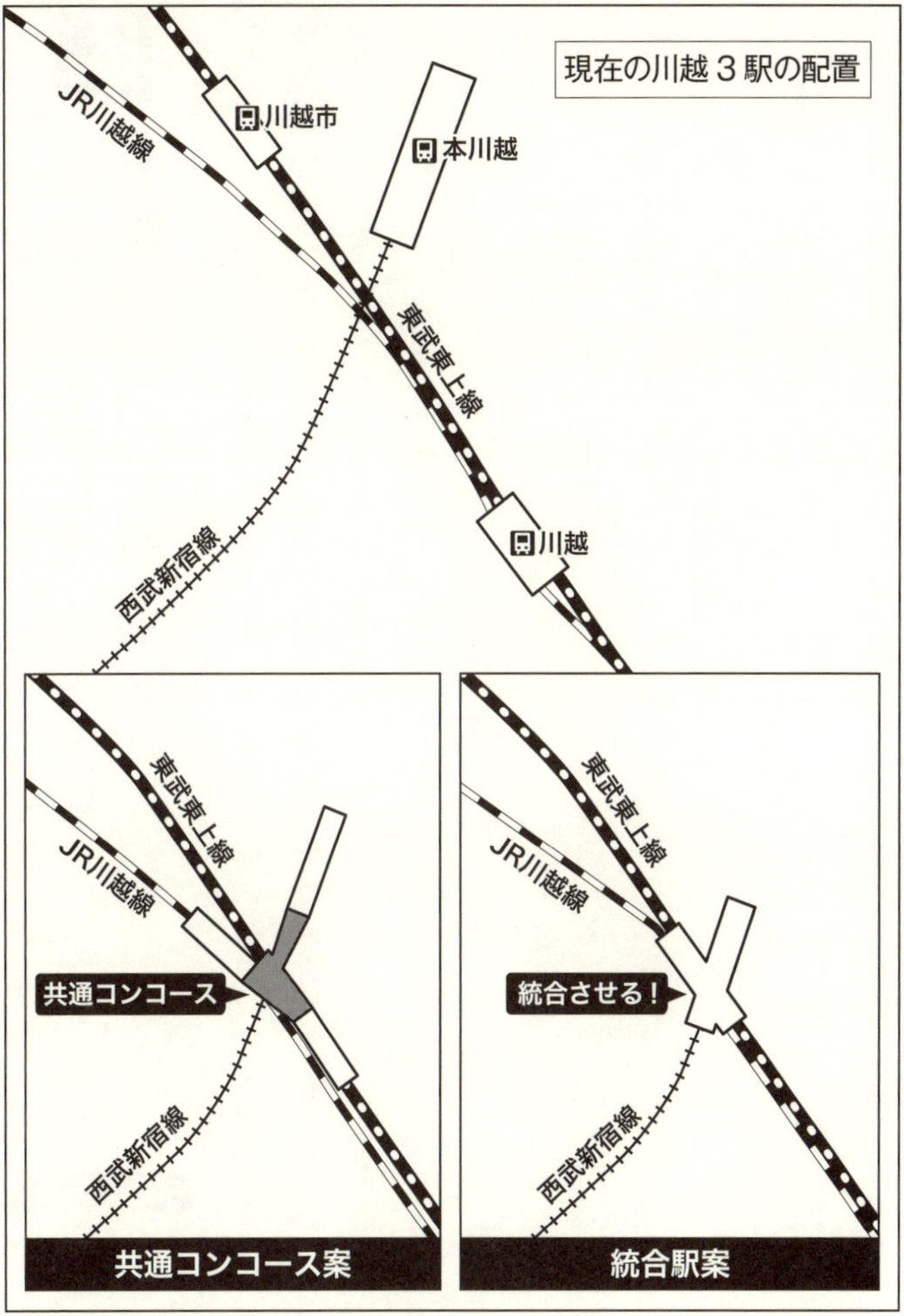

それぞれの駅間は徒歩で10分程度かかる。そのため統合、または共通コンコースの設置で利便性が上がることが期待されている。

車両に扉がひとつもない列車がつくられたワケ

東武鉄道

浅草《あさくさ》駅〜赤城《あかぎ》駅間などを東武スカイツリーライン・伊勢崎線、桐生線経由で走る「りょうもう」は、主に東京と両毛地区を往復する特急列車だ。一九四九（昭和二四）年九月、浅草〜伊勢崎間に誕生した一往復の急行列車が、現在の「りょうもう」の前身である。

この列車は、一九五三（昭和二八）年に定員制有料急行となり、運転区間を浅草〜新桐生間に変更。一九五六（昭和三一）年四月には新大間々《しんおおまま》（現・赤城）まで延長され、北関東の工業都市を結ぶ急行列車は好評を博した。

現在の「りょうもう」に使われているのは、二〇〇型および二五〇型車両である。前面が大きな一枚ものフロントガラスで、急角度に前傾しているデザインが特徴だ。一九九一（平成三）年に登場したこの車両は、ほかにもある特徴を持っている。

ドアがない理由とは

その特徴とは車両の扉である。通常、通勤用車両の多くは車両に片側当たり四つ、また

「りょうもう」。大きなフロントガラスがひとつの特徴として上げられる（東武鉄道提供）。

「りょうもう」の4号車。ほかの車両ではついているはずのドアがない。乗り込む際には隣の車両のドアを利用する（東武鉄道提供）。

は三つの扉が設置されている。長距離用の新幹線や特急列車も、片側にひとつかふたつの扉が設置されている。

ところが、「りょうもう」の四号車には、この扉がひとつも設置されていないのである。当然乗客は四号車へホームから直接乗ることはできないが、両隣の車両から乗り込み、連結部の通路からなかへと入る。

扉のない車両がつくられた理由については、鉄道ファンたちの間で座席数をより多く確保するためという説や、扉を設置しないことで車両価格のコストを安くすることができるからだという説がいわれていた。だが東武鉄道によると、「定員確保もひとつの理由」と認めながら、もうひとつ重要な意味があるという。じつは「りょうもう」が走り始めた当初、六両編成の列車が車両基地に入らず、メンテナンス時には、四両と二両で切り分ける必要があった。そこで、四両目に簡易運転台を取り付けるにあたり、ドアが邪魔だったため、ドアを付けなかったというのだ。

また、「りょうもう」の定員は、一、六号車が六〇名、二、五号車が七二名、三号車が五八名、扉のない四号車は七六名となっており、わずかだが、座席数を確保することができている。

かつて東上線にも観光用の特急列車が走っていた⁉

東上線

東武鉄道の特急列車には、東京と日光鬼怒川温泉方面をつなぐ「スペーシア」、東京と栃木、群馬方面をつなぐ「りょうもう」、東京スカイツリータウンと鬼怒川、大宮《おおみや》などをつなぐ「スカイツリートレイン」などがある。これら特急列車の歴史を辿ってみよう。

一九四九（昭和二四）年、東武鉄道は関東の私鉄で戦後初となる特急列車「華厳《けごん》号」と「鬼怒《きぬ》号」の運転を開始した。「華厳号」は、浅草～東武日光間、「鬼怒号」は浅草～鬼怒川温泉間を結び、特急料金は一人一〇〇円だった。特急列車の愛称は「ロマンスカー」とし、車体には紫とベージュのツートーンカラーを採用。また、車内には麻雀台やトランプを置き、乗客はそれらを楽しみながら目的地までの旅を楽しむことができた。こうしたサービスが人気を博し、当初週末のみの運転だったのが、やがて毎日運行されるようになった。

東武鉄道がほかの私鉄よりも早く特急列車を復活させた背景には、前年の一九四八（昭和二三）年六月に運転を開始した、連合軍専用の日光行き列車の存在があったという。これは、週末に家族を連れて日光へ行楽に出かける連合軍関係者のための列車だったが、ゆくゆくは日本人客を乗車させた特急列車を走らせたいという思いがあったのである。

英国の列車の名にあやかった名物特急

東武本線では現在も特急列車が走っているが、一方の東上線にはない。しかし、かつては東上線にも特急列車が走っていたことがあった。

一九四九(昭和二四)年の春に登場したのが、東上線を走る行楽列車「フライング東上」である。とてもユニークな名だが、この名は英国の有名な特急列車「フライング・スコッツマン」にあやかったものだ。

季節限定の特急列車で、東上線沿線の黒山三滝《くろやまさんたき》、鎌北湖《かまきたこ》、玉淀《たまよど》、長瀞《ながとろ》、八塩《やしお》温泉などへ出かける行楽客を乗せていた。車両はたびたび変更されたが、デビュー当初は深紅色で、先頭には鳥の羽をあしらったヘッドマークを掲げていた。一九五〇(昭和二五)年一二月に、深紅色から濃い青色へと変更され、青と黄色の配色が「フライング東上号」の定番となった。

車内には香水を備えたほか、レコードプレーヤーを設置するなどさまざまな工夫を凝らし、東上線の看板列車として親しまれた。

しかしやがて一般型車両に変更され、『東武鉄道百年史』によると一九六七（昭和四二）年に廃止されてしまった。その後も行楽客向けに「特急」を冠した列車が走ったことがあるが、いずれも一般型車両で料金も不要であった。

二〇一五（平成二七年、東武鉄道はかつての「フライング東上」の車体色を復活させたリバイバルトレインを同年一一月末から運行すると発表した。東上線の全通九〇周年を記念した事業で、現有の八〇〇〇系と五〇〇〇九〇型それぞれ一編成にラッピングを施し、かつての青地に黄色の塗色を再現するという。このうち五〇〇〇九〇型は、座席定員制列車「TJライナー」に用いられる車両である。そのクロスシートに身を委ねれば、往年の「フライング東上」の気分を味わえること請け合いだろう。

フライング東上号。当初は深紅色の車体だったが、のちに青色へと色変更され、青と黄の組み合わせが特徴のひとつとなった（1951年頃　撮影：奥野利夫氏、花上嘉成所蔵）。

チロリン村の一角にポツンと残る路面電車は岡山からのUターン

日光軌道線

※廃線

日光市の山あいに広がり、大自然のなかでレジャーを楽しむことのできる観光施設・日光霧降高原チロリン村の一角には、路面電車が一両展示されている。この電車はかつて東武日光軌道線という路線で運行されていたものだ。

明治のなか頃、日光は観光地として人気となり、多くの人が訪れるようになった。しかし、当時日光では牛車軌道により荷物の運搬を行なっていたため、道路には牛のふんが多く落ちていた。やがてこれでは、観光客の印象が悪くなると町民から批判の声が上がるようになった。

そこで、一九〇八（明治四一）年、電車への転換を図るため、日光町と牛車軌道を運行していた古河鉱業が共同出資して、日光電気軌道を設立した。電気軌道を敷くのが時代の流れでもあったのだ。

二年後には、日光停車場前から岩ノ鼻までの約八キロメートルの路線を開業し、一九一三（大正二）年には、いろは坂にさしかかる手前の馬返《うまがえし》まで延伸して約一〇キロメートル

日光霜降高原チロリン村内に保存される日光軌道線の路面電車。現役時代そのままの姿を残している。

の路線となった。この日光電気軌道を、一九二九（昭和四）年に東武鉄道が傘下に収め、東武日光軌道線としたのである。

その後、戦時中は精銅所への貨物輸送が急増、戦後は日光への行楽ブームのため、日光軌道線は多くの乗客に利用された。

一九五三（昭和二八）～一九五四（昭和二九）年にかけて一〇〇型や二両連結の二〇〇型を導入、女性の車掌を登用して観光ガイドも行なわれた。こうして、一九四七年度は三六三・三万人だった旅客数が、一九五四年度は五五一・三万人と大きな飛躍をみせた。

ところが、この年をピークに乗客数は減少の一途を辿ることとなる。

その原因は、一九五四年に開通した第一

いろは坂（国道一二〇号の一部）である。開通により、観光客はバスで奥日光まで直接行けるようになり、貨物輸送も徐々にトラック輸送へと切り替わっていった。決定的なダメージとなったのが、一九六五（昭和四〇）年の第二いろは坂（国道一二〇号）の開通だ。一九六六（昭和四一）年度の乗客数は四〇〇万人を割り、一九六八（昭和四三）年二月、ついに路線は廃止となった。

日光から岡山へ。そして、再び日光へ

活躍の場を失った車両は、一九六九（昭和四四）年、岡山市の岡山電気軌道に譲られた。以後、二〇一二（平成二四）年までの四三年間現役で活躍し続けたのである。

しかし製造から五〇年以上が経ち引退が決まると、岡山電気軌道は開業一〇〇周年を記念して、電車の無償譲渡先を公募した。

これに応募したのが、かつてこの電車で通学していた日光霧降高原チロリン村の社長だった。ぜひとも故郷に迎え入れたいという熱意が実り、当時のカラーを復元した電車は、帰郷を果たしたのである。

昼と夜でシートの配置が変わる車両がある？

東上線

　東武東上線では、二〇〇八（平成二〇）年から長距離通勤客のニーズに応え、座席定員制の列車「ＴＪライナー」を運行している。通常の運賃のほかに三一〇円の着席整理券を購入することで、席が確保できるというものだ。

　池袋駅のライナー改札口にて、着席整理券の二次元バーコードを読み取り機にタッチして乗車する。指定席ではなく定員制にしたのはシステム上、導入が容易だったためだという。

　始発の池袋駅からふじみ野駅までノンストップで運転し、川越、川越市、坂戸《さかど》、東松山《ひがしまつやま》、森林公園《しんりんこうえん》、つきのわ、武蔵嵐山《むさしらんざん》、小川町《おがわまち》に停車。通常の急行電車の小川町までの所要時間七一分に対し、ＴＪライナーは六三分と、八分ほど早い。運行されるのは夕方以降の下り列車のみだが、現在は平日に一〇本、土休日に六本が運行されている。

　ＴＪライナーの導入に伴い、新型車両が導入されたのだが、じつはこの車両、珍しい仕組みを持っている。

運行時間によって姿を変える革新的な車両

ＴＪライナーで運行される五〇〇九〇型という車両は、クロスシートとロングシートを切り替えることができるマルチシートが特徴である。マルチシートは近畿日本鉄道で採用されているが、関東の私鉄では東武鉄道が唯一である。通常の電車に設置されている椅子よりも背もたれが高く、ひじ掛けで区分されている。

朝のラッシュ時や昼間の時間帯には、より多くの人が乗れるように横並びのロングシートで運行され、ＴＪライナーとして運転するときには、ロングシートから進行方向へと九〇度回転させた二人掛けのクロスシートで運行されている。

五〇〇九〇型がＴＪライナーとして走行する本数は限られているが、日中、ロングシートであれば乗るチャンスは意外に多い。通常は平日一八本、土休日二六本が運行している。椅子に注目すればすぐにわかるはずだ。

ＴＪライナーは導入以来、通勤客や買い物客などに好評で、運転開始から約一年半で利用者数が累計一〇〇万人を突破、二〇一四（平成二六）年には五〇〇万人を突破した。このため東武鉄道では、ＴＪライナーの運行を朝の時間帯の上り列車にも導入することを検討している。

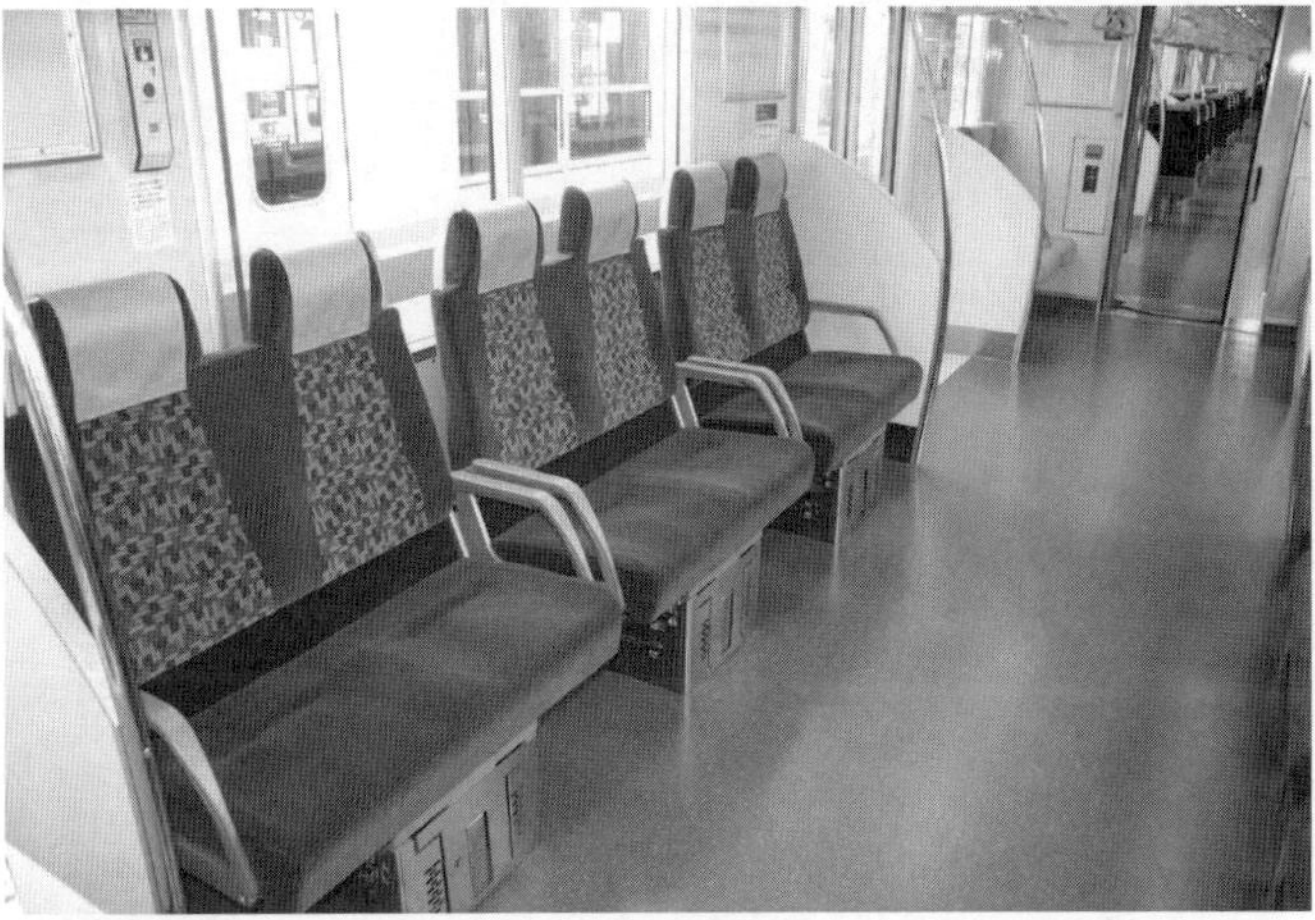

50090型車両のロングシートバージョン。朝のラッシュ時はこの形がとられる。（東武鉄道提供）

50090型車両のクロスシートバージョン。夕方以降、「TJライナー」として運行するときはこの形がとられる。（東武鉄道提供）

二〇一七年春、東武本線に分割できる新型特急車両が登場する！

東武本線

東武鉄道の特急車両には、現在、スペーシアこと一〇〇系や「りょうもう」に使用される二〇〇系などがあるが、二〇一七（平成二九）年春、新たに東武本線を走る新型特急車両五〇〇系が導入される。二〇一五（平成二七）年四月に東武鉄道が発表した。

「さまざまな運行形態で運用可能な速達性と快適性を持った特急列車」を開発コンセプトとした列車は、車体幅二・八七メートル、車両長二〇・〇メートル。三両固定の仕様で、座席数は三両合計一六一席の予定だ。

最大の特徴は、そのコンセプトの通り、編成同士で分割・併合を行なえることにある。現在運行している一〇〇系は六両編成に固定されて運行しているため、区間や時間帯によって乗車率に差が生じている。しかし新型車両は三両・三両で連結や切り離しを行なうことで、その目的によって効率よく運行できるのである。

気になるデザインは、数多くの鉄道や自動車などのデザインを手掛けてきた奥山清行《おくやまきよゆき》氏を起用。車体の基本色はシャンパン・ベージュで、さらに、緑豊かな自然を表現するため

東武鉄道の新型車両500系。多様な運行形態を実施させることで利便性の向上を図るという。（東武鉄道提供）

にフォレスト・グリーンを加え、窓下には東武グループのグループロゴカラーであるフューチャーブルーがあしらわれる。

車内は東京スカイツリー®のイメージである白を基調に、緑や大地をイメージした木目を配置し、鬼怒川や隅田川の流れをイメージした柔らかな雰囲気が醸し出されている。シートは江戸の伝統色である「江戸紫」をモチーフとした配色で、袖部分は江戸の伝統工芸である「印伝（革の加工品）」をモチーフとした柄をあしらうなど、沿線の魅力が詰め込まれているのだ。

導入後の運用詳細についてはまだ発表されていないが、広域な路線を持つ東武ならではの特急列車に期待が寄せられている。

猿やフクロウ……過去に動物を乗せた列車が走っていた⁉

伊勢崎線

動物が乗った電車といえば、遊園地や動物園、アニメのなかで走っている様子を思い浮かべるだろう。しかし、実際の路線でも運行されることがある。なんと東武鉄道では、リスザルや白フクロウ、モルモット、ヒヨコなどを乗せた電車が走ったことがあるのだ。

これは、二〇一三（平成二五）年三月二〇日に、東武動物公園の遊園地エリア「ハートフルファーム」に新たな観覧車とキッズハウスがオープンすることを記念して運行されたイベント列車で、その名も「アニマルトレイン」だ。北千住駅から東武動物公園《とうぶどうぶつこうえん》駅までの区間を、動物たちと抽選に当選した約一二〇名の親子を乗せて運転したのである。車内では飼育員の話を聞きながら、動物たちを観察したり触れ合ったりすることができた。

動物を乗せたイベント列車はこれだけではない。

二〇一五（平成二七）年五月一七日には、東京スカイツリータウン®の開業三周年を記念して、タウン内にあるすみだ水族館のマゼランペンギンを乗せたイベント列車「ペンギントレイン」を走らせている。

2013年に運転されたアニマルトレイン。猿や白フクロウなど多様な動物が乗り込んだ列車は好評を博した。（東武鉄道提供）

2015年に運転されたペンギントレイン。東京スカイツリータウン3周年を記念して走ったイベント列車はアニマルトレインを越える応募があった。（東武鉄道提供）

アニマルトレインの当選倍率は四・七倍、ペンギントレインは一三・五倍と、いずれも盛況だったようだ。

イベント列車として走り続ける「丸目」

これらのイベントに使用されたのは、東武鉄道博物館が動態保存（運用できる状態で保存すること）する八〇〇〇系車両の八一一一号編成だ。一九六三（昭和三八）年にデビューした八〇〇〇系車両は、二〇年間にわたって私鉄史上最多の七一二両が製造され、東武の主力車両として大いに活躍した。八〇〇〇系車両のなかでも八一一一号編成はデビュー当時の面影を残し、ファンに「丸目」の愛称で親しまれた。

「丸目」は二〇一一（平成二三）年六月をもって引退したものの、東武鉄道の輸送の近代化に貢献したことから保存しようという気運が高まり、二〇一二（平成二四）年に修繕工事が行なわれ、デビュー当時のリバイバルカラーに塗装されたのである。

普段は東武博物館の所有物として動態保存されているが、特別なイベントのときには活躍している。東武鉄道では動物列車以外にもさまざまなイベント列車を運行。多くの乗客に愛された「丸目」は、鉄道ファンから子どもたちまで楽しめる車両として復活し、今も走り続けている。

東武鉄道の看板娘「姫宮なな」とはいったい何者？

東武鉄道

東武鉄道のお客さまセンターには、とても可愛らしい女性が勤務している。ピンクのベストと襟元にリボンの付いたシャツという制服姿で、車内や駅のあちこちで乗客にさまざまな案内をしてくれるのだ。

さらさらのロングヘアーで清楚なイメージの彼女はA型で、出身は宇都宮市《うつのみや》。趣味は実益を兼ねた東武沿線の街巡りだというから、まさに社員の鏡のような女性である。

彼女の名前は「姫宮《ひめみや》なな」。二〇〇八（平成二〇）年七月一日、お客さまセンターの電話番号が一本化されたタイミングに合わせて採用された。「姫宮」は東武スカイツリーライン（伊勢崎線）の姫宮駅。「なな」は野田《のだ》線の七里《ななさと》駅、七光台《ななこうだい》駅に由来する。

じつは、「姫宮なな」は実在する人物ではなく、お客さまセンターのマスコットキャラクターなのである。

東武鉄道には、「姫宮なな」のほかにも、特急スペーシア車掌の「鬼怒川みやび」、同じく特急スペーシアの車内販売員の「春日部しあ」と「栗橋《くりはし》あかね」、浅草駅のステーションアテンダントを務める「渡瀬《わたせ》きぬ」、おもちゃのまち駅の駅務係「壬生《みぶ》えみこ」、北千住駅駅務係の「栗橋《くりはし》みなみ」、そして東上線車掌の「川越あさか」の計八人の「鉄道むすめ」と呼ばれるキャラクターがいるのだ。

全国各地で活躍する鉄道むすめ

「鉄道むすめ」とは、全国各地の鉄道事業者で用いられる制服を着たオリジナルキャラクターで、総合ホビーメーカーのトミーテックが展開しているコンテンツだ。

東武鉄道は、二〇一五（平成二七）年一月二七日〜三月二九日の期間、鉄道むすめ誕生一〇周年を記念して「鉄道むすめ一〇周年記念スタンプラリー　ｉｎ　東武鉄道」を開催。展望車両六三四型「スカイツリートレイン」にキャラクターたちの車内ラッピングをした特別ラッピング列車を走らせ、好評を博した。

「姫宮なな」は、東武鉄道のポスターや車内ドア上の情報表示器で利用者にさまざまな案内を行なうほか、ｆａｃｅｂｏｏｋの公式アカウントを公開。そのほかのキャラクターたちもフィギュアやポスターなどの関連グッズが発売されるなど、幅広い活躍を見せている。

「姫宮なな」。東武鉄道お客さまセンターのイメージキャラクターであり、駅構内ポスターや車内案内などさまざまな場所で活躍している(東武鉄道提供)。

第十八章

辿れば土地の歴史が見えてくる地名の由来

池袋から北西へ向かう路線なのに「東上線」とはこれいかに？

東上線

東京副都心の池袋《いけぶくろ》をターミナルとし、埼玉県西部に線路を延ばしている東上線《とうじょう》は、東京から北西に進んでいるにもかかわらず、なぜ「東上」という名が付けられたのだろうか。じつはこの名前、方角とはなんら関係がない。

話は明治時代までさかのぼる。

関東地方では江戸時代以来、河川を利用した舟運が長く使われてきたが、明治のなか頃には、鉄道による輸送へ切り替えようという機運が高まっていた。そんな動きのなか、新《しん》河岸川《がしがわ》の水運を鉄道に置き換え、さらに東京〜群馬間を結ぼうという壮大な計画が生まれたのである。

こうして一九〇三（明治三六）年一二月二三日、川越在住の内田三左衛門、千家尊賀ら三二名の発起人により「東上鉄道株式会社」の仮免許申請書が当時の逓信大臣に提出された。当初の計画では、東京府北豊島郡巣鴨町字氷川を起点に群馬県群馬郡渋川町《しぶかわ》（現・渋川市）までを結ぶ予定であった。

東武鉄道東上線の前身である東上鉄道の社名は、このとき計画された東京の「東」と上野国すなわち上州《じょうしゅう》（群馬県）の「上」から命名されたものである。

実現できなかった上州への敷設

一九一四（大正三）年五月一日、東上鉄道は池袋〜田面沢《たのもざわ》間三三・五キロメートルを開業し、さらに二年後には川越町《かわごえまち》（現・川越市）〜坂戸《さかど》（現・坂戸）間九・二キロメートルを開業する。だが、第一次世界大戦後の物価高騰によって経営が圧迫されてしまう。

この状況を打破するため、一九二〇（大正九）年、東上鉄道は東武鉄道と合併し、東武東上線となったのである。三年後の一九二三（大正一二）年には坂戸〜武州松山《ぶしゅうまつやま》（現・東松山《ひがしまつやま》）と、その先の武州松山〜小川町を開通させ、さらに二年後には小川町〜寄居《よりい》間が開通して、現在の池袋〜寄居間七五・〇キロメートルが全線開通した。

計画の一部は変更され、上州（群馬）へと至ることはできなかったが、発起人たちの願いが「東上線」という路線名に残されているというわけだ。

一九三四（昭和九）年に全通した国鉄（現・JR）八高線《はちこう》は、ほぼ当初のルートを踏襲している。東武の免許失効後、国鉄が計画を実現したのである。

「東新井」も「新井」もないのに なぜ「西新井」？

TS
13
西新井
にしあらい
Nishiarai

東武スカイツリーライン（伊勢崎《いせさき》線）の西新井《にしあらい》駅の所在地は足立区西新井栄町二－一－一である。ところが不思議なことに、駅の周辺地図を眺めても「東新井」はおろか「新井」という地名さえない。都内であれば中野区に「新井」という地名があるが、足立区西新井よりもはるか西に位置しており、これでは地名と位置があべこべである。

では、なぜ東京の東部に「西新井」の地名ができたのか。

じつは、「西新井」という地名のルーツは、西新井大師《にしあらいだいし》の弘法大師《こうぼうだいし》の伝説に深く関係しているのである。その伝説とは次のようなものだ。

——八二六（天長《てんちょう》三）年、布教を行なっていた弘法大師がこの地へと立ち寄った。その頃、あたりでは悪疫が流行り、人々は苦しんでいた。それを見た弘法大師は、皆の病気の平癒を願い、苦しみから救おうと、みずから十一面観音像と自身の像を彫った。そして、観音像を本尊に、自身の像を枯井戸へと埋めて二一日間の護摩祈願を行なった。すると井戸から水が湧き、病はたちまちのうちに治癒《ちゆ》した——

西新井大師境内に残るお加持の井戸。山門から入り、直進してつき当たる広場の左手にある。

のちに弘法大師の徳を慕った村人たちが像を掘り出して井戸を使い、お加持《かじ》の井戸と呼んだ。一七九四（寛政《かんせい》六）年古《ふる》河辰《かわたつ》が著した『四神地名録《しじんちめいろく》』には「加持水と称せる井有り、此井の故を以て西新井と称する」とある。この井戸が、大師堂の西側にあったため、「西新井」と呼ばれるようになり、これがいつしか地名になったということだ。

なお、一八一四（文化一一）年の『遊歴雑記』によると、江戸時代の井戸の水は白赤く濁っていたようだったが、参詣者たちは水の徳を求め、目を洗ったり、頭に塗ったりしていたという。名前の由来となったお加持の井戸は現存しており、境内で目にすることができる。

TN
02
幸　手
さって
Satte

幸手の由来はアイヌ語から？それとも神話から？

難読駅名といわれる駅は数多くあるが、埼玉県幸手《さって》市にある日光《にっこう》線の幸手駅も、そのひとつといえるだろう。

幸手駅は、一九二九（昭和四）年四月、日光線の開業に合わせて設置された。そのためか駅前には「東武鉄道日光線開通記念碑」が建っている。二〇一四（平成二六）年度の一日平均乗降員数は一万四五五三人と、日光線の駅のなかでは、伊勢崎線と分岐する東武動物公園駅の次に多い。

駅と日光街道との間には市街地が広がり、近くの権現堂桜堤《ごんげんどうさくらづつみ》は、関東でも有数の桜の名所として知られている。

確かなことはわからない「幸手」の由来

幸手という地名は、戦国時代にはすでに存在していたようだ。地名が記されたもっとも古い文献は、一五二五（大永《だいえい》五）年の『宝聖寺《ほうしょうじ》末《まつ》寺帳《じちょう》』で、そこに「幸手　中曽根」「幸

手　吉岡」と書かれている。また、一五三八（天文《てんぶん》七）年の古文書にも「幸手三十三郷」という文字が見られることから、遅くとも一六世紀前半には「幸手」という地名があったことは確かなようである。

幸手の主な語源は、次のふたつの説がある。

ひとつは、アイヌ語に由来するという説である。「乾いた原野」から名付けられたとされ、アイヌ語では「サッツ」が「乾いた」を意味する。

もうひとつは、日本の神話に由来するという説だ。埼玉県北葛飾郡杉戸町にある永福寺の歴代住職の事跡をまとめた『龍燈山伝燈紀』に、ヤマトタケルノミコトが東国遠征のときに立ち寄った島の名として「薩手が島」が出てきており、その島の名にちなんで「幸手」と呼ばれるようになったという。

また、江戸幕府が主要大名に命じてつくらせた旧国単位の地図のひとつ『正保国絵図《しょうほうくにえず》』には、幸手の宿場があった場所には「田宮町」と記され、その横に「薩手」と記されていることから、通称として薩手が使われていたとも考えられる。

このように幸手の地名由来については諸説があげられ、考証が続いているが、確かなことはわかっていない。

秘仏か将軍の愛人の出生地か？結論をみない千住の由来

TS
09

北千住
きたせんじゅ
Kita-senju

東武スカイツリーライン（伊勢崎線）の北千住《きたせんじゅ》駅は、ＪＲ、つくばエクスプレス、東京メトロ、東武と、合わせて四線が乗り入れる都内東部でも有数のジャンクション（乗り換え駅）である。乗り換え客の利用も多く、北千住という駅名はよく知られているが、じつは北千住という地名は存在しない。駅周辺の地名は千住である。

千住は、一六二五（寛永《かんえい》二）年、三代将軍徳川家光《いえみつ》の時代に、日光道中（街道）初の宿場と定められ、以降、現代にいたるまで交通の要衝として栄えてきた。

その地名は、古くは戦国時代末頃の一五五九（永禄《えいろく》二）年の小田原北条氏の記録に「専住村」と記されていることから確認できる。また、江戸幕府の検地帳や、明治以降の表記には「千住」の字が使われているが、学校名や、祭礼行事などでは「千寿」の字が用いられる。

表記に揺れは見られるが、「センジュ」の地名に歴史があることは確かだろう。だが、その由来を探ってみるとはっきりしない。

勝専寺。地元では「赤門寺」の別称で知られる。本尊の千手観音は経年劣化のため、現在は公開されていない。

真相不明、さまざまな「千住」の由来

諸説あるうちのひとつが、北千住駅西口の商店街から少し南に入ったところにある三宮神山大鷲院勝専寺《しょうせんじ》にある。朱塗りの山門と閻魔大王座像で名を知られる勝専寺だが、その本尊である千手観音が由来だというのだ。

『新編武蔵風土記稿《しんぺんむさしふどきこう》』によると、この千手観音は、一三二七（嘉暦《かりゃく》二）年に、源頼《みなもとのより》朝《とも》に仕えていた新井正次《あらいまさつぐ》という人物が、荒川に舟を浮かべて投網を打った際に、数十匹の魚と一緒に網のなかから引き上げられたものだといわれている。

千手観音は新井家に持ち帰られ家宝とされていたが、やがて正次の息子政勝が勝専寺を建立し、千手観音を寺宝として安置した。ここから「千手」と呼ばれるようになったという。

勝専寺は、徳川二代将軍秀忠《ひでただ》が鷹狩りをした際に休憩所として使われ、三代将軍家光の時代になると、境内に御茶屋が造営されしばしば利用されたと伝えられている。千住宿は日光・東照宮への将軍参詣の際の中継地でもあったので、この寺は将軍家とゆかりの深い場所となっていたようだ。

そのほかにも、『南足立郡誌《みなみあだちぐんし》』によると、戦国時代に足立郡渕江郷《ふちえごう》一帯を領していた千葉氏一族が住んでいたからだという説がある。千葉住村と呼ばれていたのだが、いつの頃からか「葉」の字が消えて千住村になったというのである。

また、将軍足利義政《あしかがよしまさ》の愛妾に「千寿の前」という女性がおり、その女性がこの地の出生だったために「千寿」と呼ばれるようになったという説や、九二六（延長《えんちょう》四）年の『神名帳』にある千住村からだという説もある。

このように千住の名前には複数の説があるのだが、その説のどれもが言い伝えの域を出ず、真相は定かでない。

練馬区ではなく板橋区にあるのになぜ「東武練馬駅」なの？

TJ
08

東武練馬
とうぶねりま
Tōbu-nerima

東上線の東武練馬《とうぶねりま》駅が、東京二三区のうちのどの区域内にあるかご存じだろうか。「東武練馬というくらいなんだから、当然、練馬区だろう」と思うかもしれないが、じつは東武練馬駅は、「練馬」という地名が駅名に入っているにもかかわらず、練馬区ではなく板橋《いたばし》区に位置している。なんとも不可解な話である。

東武練馬駅の開業は、一九三一（昭和六）年一二月二九日のこと。開業当時、駅は北豊《と》島《しま》郡赤塚村徳丸《とくまる》に位置していた。しかし、駅のすぐ南側には北豊島郡練馬町があったため、駅名を決める際「徳丸」よりも当時から知名度の高かった「練馬」を採用することにした。ただ、すでに練馬駅が武蔵野《むさしの》鉄道（現・西武池袋線）に存在していたことから、重複を避けるため駅名に東武の名を冠し、「東武練馬」としたのだという。

開業翌年の一九三二（昭和七）年一〇月一日、駅の周辺一帯は東京市に併合され、板橋区となった。

そして戦後の一九四七（昭和二二）年八月、板橋区から練馬、石神井、大泉の三つの地区を分離する形で練馬区が誕生した。結果として徳丸は板橋区、練馬町は練馬区に属することになったのである。

先に駅名に付けられていた町名が、偶然区の名前として使用されることになったため、現在のように駅の所在地と名前が一致しない、ややこしい状態になってしまったというわけだ。

ほかにもある！　地名と一致しない駅名

東上線には東武練馬駅のように、駅名と所在地が異なる駅がほかにもある。たとえば、一九一四（大正三）年五月一日に開業した志木《しき》駅である。駅の所在地は、志木市ではなく新座《にいざ》市である。

じつは志木駅は、開業当初は志木町（現・志木市）にあった。

一九六〇（昭和三五）年、池袋にあった立教高校（現・立教新座高校）が志木市南隣の新座市へ移転してくると、通学で利用する学生たちの利便性を図るために、志木駅に南口を新設した。

しかし、これだけでは不便だったため、一九七〇（昭和四五）年、駅舎を学校により近い新座市へと移転することになった。このとき、駅名が変更されなかったため、志木駅と

東上線上の“不一致駅名”

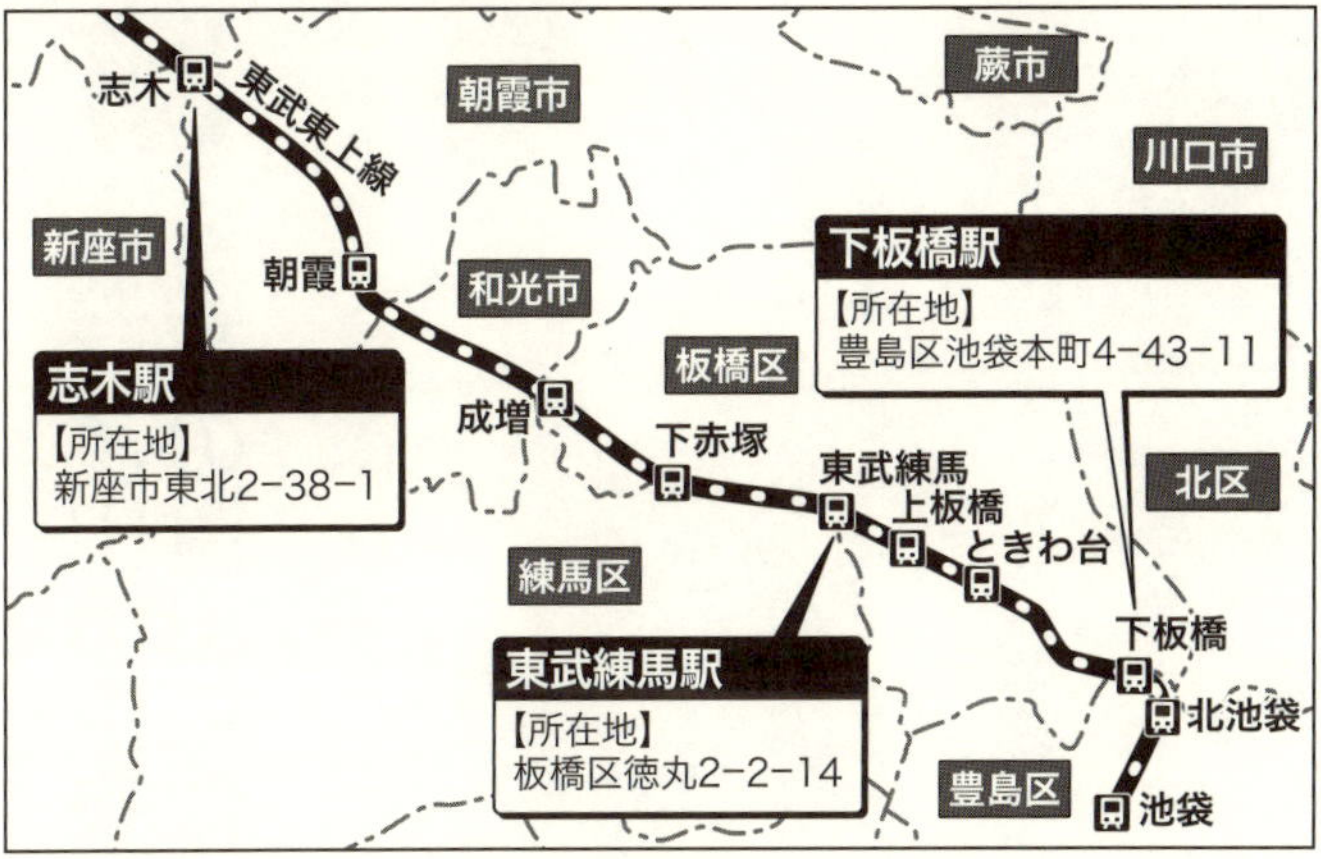

上図を見てわかるように、いずれも駅名由来となった自治体と近接している。

いう名前のまま、新座市に置かれることになったのである。

駅名と所在地名の不一致は混乱を招くとして新座市の住民からは、移転以降駅名変更を求める声が上がっているが、変更されることのないまま現在に至っている。

また、志木駅と同じ一九一四年に開業した下板橋《しもいたばし》駅も、駅名に「板橋」とあるが所在地は豊島区だ。

下板橋駅は、開業時の駅舎が北豊島郡板橋町大字下板橋に近接した大字滝野川に位置していたため、下板橋と命名された。しかし一九三五（昭和一〇）年に移設されて現在の豊島区に置かれることになり、現在のような状態になったのである。

武蔵嵐山の由来は、京都の嵐山に似ているから

TJ 32
武蔵嵐山
むさしらんざん
Musashi-ranzan

埼玉県を代表する景勝地のひとつ「嵐山《らんざん》渓谷」。岩畳と川や木々が見事な景観を織りなし、その地形的な特徴から、秩父《ちちぶ》の長瀞《ながとろ》岩畳にちなんでかつては「新長瀞」とも呼ばれていた。

東上線の武蔵嵐山《むさしらんざん》駅は一九二三（大正一二）年に開設されたが、当初の駅名はその周辺の地名から取った「菅谷《すがや》」だった。

東武鉄道が駅名を武蔵嵐山に改称したのは、一九三五（昭和一〇）年一〇月一日のことだ。渓谷のある菅谷村は、一九六七（昭和四二）年、町制施行の際に駅名を取って嵐山町とした。

なぜ東武鉄道は、のちに地名にまで影響を与えるような駅名改称を行なったのだろうか。

名付け親、林学博士・本多静六

駅名を変更するきっかけになったのは、日本ではじめての林学博士である本多静六《ほんだせいろく》がこ

の地を訪れたことにある。

本多はのちに埼玉県となる武蔵国埼玉郡河原井《かわらい》村生まれで、帝国大学農科大学林学科を一八九〇（明治二三）年に卒業。ドイツに留学後、東京における水源林の設置や日比谷《ひびや》公園の設計などを行ない、「公園の父」と称された人物だ。

一九二八（昭和三）年の秋、本多は槻川《つきがわ》最下流部の槻川橋から、紅葉や赤松林の美しい景観を眺め「京都の嵐山《あらしやま》に似ている」と感じ、「武蔵国《むさしのくに》の嵐山」と命名した。これが大きな評判となり、渓谷には多くの観光客が訪れるようになった。

東武鉄道は、観光地として「武蔵嵐山」という名前が定着しつつある状況を見て、さらなる旅客誘致につなげるため、駅名を変更することにしたのである。

このように、人気の観光地にあやかって変更された駅名だが、ひとつ疑問が残るのは、嵐山の読みが、なぜ京都と同じ「あらしやま」ではなく「らんざん」になったかである。

嵐山町観光協会によると、資料が残されていないため正確な理由は不明であり、命名した本多にしかわからないだろうということだ。

一説によると、戦前は訓読みより漢語スタイルの音読みが流行っていたからだともいわれているが、定かでない。

「朝霞」の地名は、ゴルフ場が移転してきたことから生まれた！

TJ12
朝霞
あさか
Asaka

東上線の朝霞《あさか》駅、朝霞台《あさかだい》駅がある埼玉県朝霞市は、東京のベッドタウンとして発展してきた街だ。

朝霞市の前身は膝折《ひざおり》村といい、川越街道の要衝としてにぎわった。というのも、水が乏しい旧武蔵国内で、ここだけは低地で水に恵まれていたからだ。このため早くから宿場が形成されることとなったのである。

江戸時代の文化文政《ぶんかぶんせい》期（一八〇四〜一八三〇年）になると、黒目川の水流を動力源とし、水車による製粉作業が行なわれるようになった。一八一六（文化一三）年には奥住金兵衛という人物が、京都から技術者を招いて水車を利用した伸銅《しんどう》業を始め、関東初の伸銅工場が誕生。一八二〇（文政三）年には徳生平左衛門がこれにならってふたつ目の工場ができ、主に銅線や桶のタガが製造された。明治初期にはこの地で日本初の電話線が製造されたと伝わる。また、一九一〇（明治四三）年からは、水流を用いて電力供給事業が開始された。

このように膝折村は、交通の要衝としてだけでなく、経済活動においても著しい発展を見せてきたのである。

ゴルフをするのに「膝折」ではまずかった？

そんな膝折村が「朝霞」に改称されたのは一九三二（昭和七）年のことだ。長い歴史を持つ「膝折」の地名が、なぜ変更されることになったのだろうか。

じつは改称した理由には、ゴルフ場が大きく関係している。

一九二九（昭和四）年、東京の駒沢《こまざわ》にあった東京ゴルフ倶楽部が、膝折村へ移転することになった。当時、ゴルフ場といえば上流階級の社交場であり、移転の話は村にとって大きな出来事だった。村議会は「ゴルフ場のある場所が『膝折』という名前ではイメージが悪い」と判断し、町制施行をきっかけに、旧地名の「膝折」を改称することにしたのである。

では、どんな名前にするか。話し合った結果、東京ゴルフ倶楽部の名誉会長だった朝香宮妃殿下にあやかり、「朝香」という名前にする案が上がった。しかし、皇族の名をそのまま使用したのでは畏《おそ》れ多いということで、「香」の文字を「霞」に変え、「朝霞」になったというわけである。

付近に地名が見当たらない難読駅名「男衾」の由来とは？

TJ 35

男衾
おぶすま
Obusuma

埼玉県の北西部、奥秩父より荒川が山間部を抜け、丘陵部に出る谷口に位置するのが寄居町だ。人口はおよそ三万五〇〇〇人（二〇一五年七月現在）、面積は六四・一七平方キロメートルで、古くは宿場町として栄えた。

池袋～寄居を結ぶ東上線が、寄居町に入って最初に停車する駅が「男衾」である。駅の周辺には田畑と住宅が混在しているが、近年は都市化が進展している。どこにでもあるローカル駅のひとつだが、難読駅名として有名な駅のひとつで、「おぶすま」と読む。

なぜこのような珍しい駅名になったのだろうか。

奈良時代にはじまる男衾の歴史

一般に、駅名はその地名から付けられることが多い。しかし、男衾駅の所在地は埼玉県大里郡寄居町大字富田であり、現在、周辺に「男衾」という地名は見当たらない。しかし、かつては駅名の由来となった男衾村という村があった。

今はなき「男衾」の地名はとても古い歴史を持っている。歴史をさかのぼれば、奈良時代、武蔵国《むさしのくに》の一部に男衾郡が設置されていた。平安時代の『和名類聚抄《わみょうるいじゅしょう》』にもその名が見えるほか、国宝の「男衾三郎絵詞《おぶすまさぶろうえことば》」から、中世には地名をもとにした男衾姓を名乗る武士がいたことがわかる。では、地名の男衾という言葉はどこから発生したのか。これについては諸説あり、ひとつは駅の東方に鎮座する小被《おぶすま》神社をもとにするという説がある。男衾郡の総鎮守であったこの神社にちなみ、村名にされたというのだ。

さらに、寝具の衾（掛け布団）をつくっていたところだったからという説、地形が寝具の衾に似ているからという説、馬の飼料のフスマ（麸）をつくっていたからという説など、複数の説があり、はっきりしたことはわかっていない。

いずれにせよ、地名として定着した男衾は、一八七九（明治一二）年、郡区町村編制法により郡名として正式に使用されるようになった。だが、一八八九（明治二二）年に市制町村制が施行されると、男衾郡内の村は、男衾、小原、本畠、鉢形、折原の五村のみとなり、一八九六（明治二九）年に男衾郡は廃止。男衾村は大里郡に含まれることとなる。

戦後の一九五五（昭和三〇）年二月一一日には、男衾村は折原村、鉢形村、用土村、桜沢村、寄居町と合併して、現在の寄居町となったために消滅してしまった。その名は現在、駅名や小学校、農協、公民館などの地域施設の名称に見られるのみとなっている。

堀切駅が「葛飾区堀切」でなく、川を隔てた「足立区千住」にある謎

TS
07

堀　切
ほりきり
Horikiri

東武伊勢崎線（東武スカイツリーライン）の堀切《ほりきり》駅は、一九七九（昭和五四）年から三二年間も続いたテレビドラマ『3年B組金八先生』シリーズの舞台として有名である。ドラマ内で登場する足立区立桜中学校のモデルになった中学校も、荒川土手のそばにある。

堀切の名は、『伊勢物語《いせものがたり》』に由来するといわれている。物語のなかに、現・愛知県の知立《ちりゅう》付近でのカキツバタの話があり、堀切と牛田《うしだ》という地名が出てくるのだが、東京都の堀切のそばにも牛田という地名があり、付近にカキツバタの名所が存在するのだ。

放水路によって分断された堀切

駅名は地名の「堀切」から名付けられたのだが、じつは所在地に矛盾がある。「堀切」は葛飾《かつしか》区の住所表記であるが、堀切駅は広々とした荒川の河川敷を越えた、川向こうの足立区内にあるのだ。いったいなぜ駅名由来の場所と駅がこれほど離れているのだろうか。

堀切駅が開業したのは一九〇二（明治三五）年四月一日、路線が北千住から業平橋《なりひらばし》

荒川放水路によって変化した路線

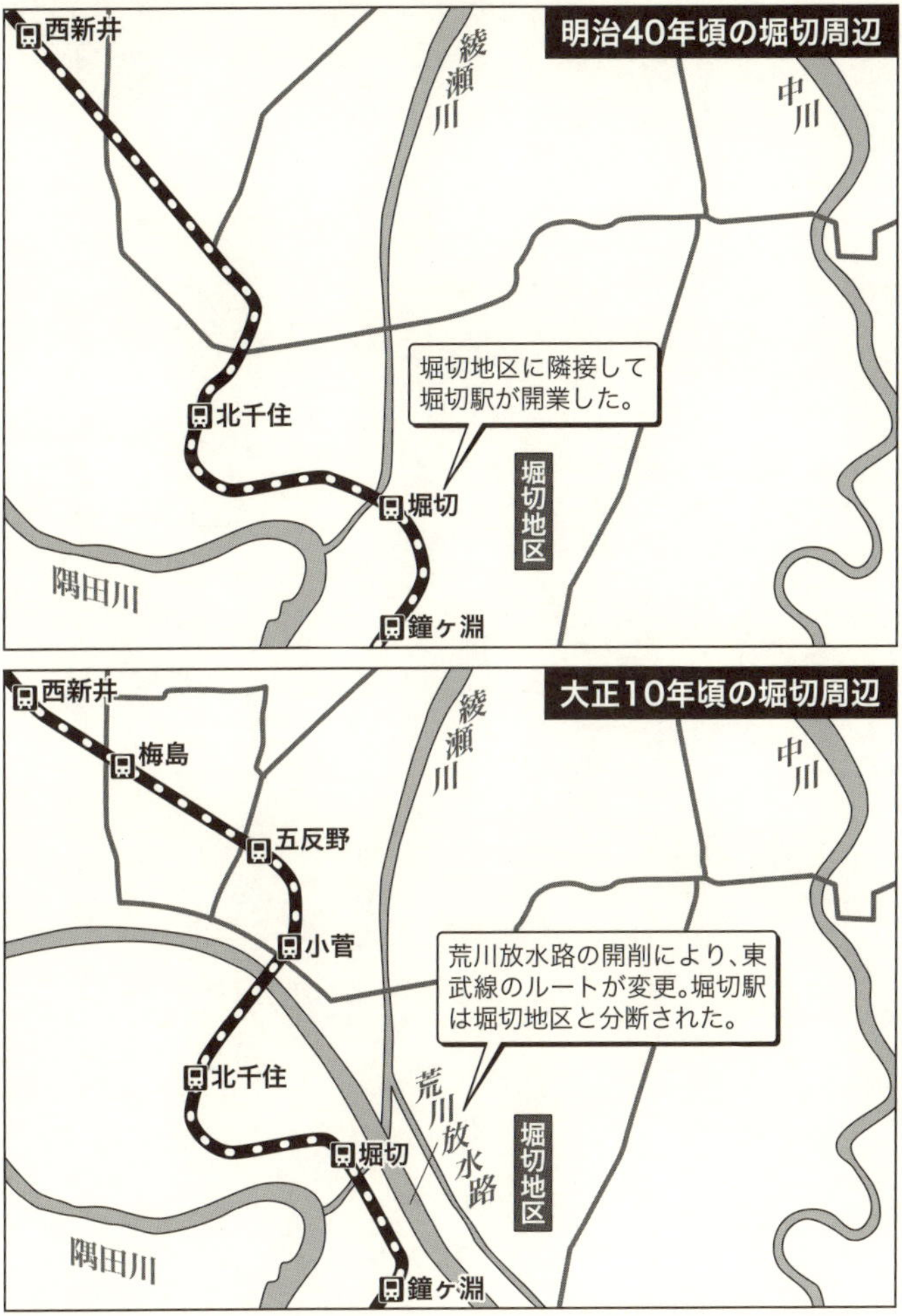

堀切駅はもともと堀切地区に所在していたが、荒川放水路の開削により西側に移転。地名と不一致が見られるようになった。

（現・とうきょうスカイツリー）まで延伸されたときのことだ。江戸時代以来、花菖蒲の名所として知られた堀切菖蒲園《ほりきりしょうぶえん》を訪れる花見客の便を図ることを目的としての開業だった。しかし、利用客は少なく、開業後三年で営業休止、さらにその三年後に駅は廃止されてしまう。だが、すぐに営業を再開する契機が訪れた。荒川放水路の建造である。

堀切の南西を流れる荒川は、文字通りの「荒れる川」で、江戸時代から毎年のように氾濫し、洪水を起こしていた。そして一九一〇（明治四三）年の大洪水で、下町一帯に甚大な被害がもたらされたのをきっかけに、放水路の建造がはじまる。

これは埼玉県の川口市から東京湾に至る全長二二キロメートル、幅五〇〇メートルの新しい川をつくるという大工事であった。買収面積は一一平方キロメートル、対象区域は埼玉と東京を合わせて一九町村にも及んだ。この放水路の計画線上に東武本線の線路が敷設されていたため、ルート変更を余儀なくされたのである。

この結果、線路は荒川放水路の南側の土手沿いに移転することになり、堀切駅は一九二四（大正一三）年、新しいルート上で営業を再開。結果、所在地と駅名の不一致が生まれたのである。

放水路が完成したのは一九三〇（昭和五）年のことである。現在の堀切駅の駅舎はこのときに建てられたものだ。

治良門橋駅の名は村を救った恩人、治良右衛門を讃えて付けられた

TI
52

治良門橋
じろえんばし
Jiroembashi

桐生《きりゅう》線の「治良門橋駅」は、人の名前が駅名に登場する珍しい駅で、難読駅名のひとつだ。初見ではなかなか読めないが「じろえんばし」と読む。この治良門橋駅と隣にある三《さん》枚橋《まいばし》駅は、江戸時代初期頃にこの地に実在した、天笠《あまがさ》治良右衛門《じろえもん》（次郎右衛門とも書く）という人物の偉業を讃えて名付けられた駅名である。

群馬県太田《おおた》市鳥山《とりやま》地区に語り継がれる伝承によると、治良右衛門は、江戸時代はじめの寛永《かんえい》年間（一六二四～四四年）の人物で、現在の太田市金山《かなやま》町にあった金山城主・山良国繁の家臣だった。一五九〇（天正《てんしょう》一八）年に金山城が落城したあと、この地に流れ着き土着帰農したと伝えられている。

治良右衛門は、妻とのあいだに子どもがなかったことや金山城の興亡を巡る戦いで世の無常さを知ったことなどから仏教に帰依して、近在の村々で現在でいうところの慈善事業に携わった。その代表的なひとつが架橋である。

駅名の由来となった三つの石橋

当時、この地域には三本の川があった。雨季になるとたびたび川は氾濫し、粗末な木橋はそのたびに流された。それを見かねた治良右衛門は、永久的な橋をつくろうと考えた。そこで私財を投じて付近の琴平山にあった大石を運び、村の三カ所に、洪水でも流されない頑丈な石橋を三本架けたのである。

村人たちはその徳を讃えて、一帯を「石橋」と呼び、橋を「治良右衛門橋」と名付けた。これがいつしか「じろえんばし」と呼ばれるようになったという。

一九一三（大正二）年三月一九日に開業した治良門橋駅はこの橋の名前から、同時に開業した三枚橋駅は架けられた三本の橋から名付けられたのである。

太田市の名士である治良右衛門だが、じつは駅名のほかにも残したものがある。菩提寺である鳥山の曹洞宗笑嶺山妙英寺に庫裡《くり》、本堂、山門、山林などを寄進しているのだ。さらに一六二七（寛永四）年七月には、梵鐘《ぼんしょう》を鋳造して寄進しているのだが、これが現存し、太田市の重要文化財に指定されている。

梵鐘は総高九五センチメートル、口径五五・八センチメートルで、鋳造は江戸時代だが、鎌倉時代の作風を模したものだ。銘文によると、下野国佐野天明（現・栃木県佐野市）の

妙英寺。1574年に開基されたと伝わる寺の境内には治良右衛門が寄進した梵鐘や墓が残っている。

鋳物師によってつくられたもので、現存する市内最古の梵鐘である。

この妙英寺には、治良右衛門の墓所もある。寺の墓地は本堂の西側にあり、墓地入口付近の二手に別れる道を左に進む。すると家の形をした八基の墓石が並んでおり、左端から四番目の墓石が治良右衛門と妻であった舟の墓であるという。

治良右衛門は、墓を建立してまもなくの一六三三（寛永一〇）年八月一二日に没した。

駅名と／石橋にのこる／次郎右衛門

多くの徳行を重ねた天笠治良右衛門の名前は、現在、太田市の市民憲章カルタにも残っている。

栃木県は一週間だけ宇都宮県に改称したことがあった

TN 40

東武宇都宮
とうぶうつのみや
Tōbu-utsunomiya

宇都宮線《うつのみや》は、新栃木《しんとちぎ》～東武宇都宮間二四・三キロメートルを結ぶ路線だ。その終点である東武宇都宮駅から、北へ八〇〇メートルほどの場所に栃木県庁がある。東武宇都宮駅の所在地は駅名からもわかる通り宇都宮市。つまり栃木県の県庁所在地は栃木市ではなく宇都宮市にある。しかし、栃木県庁はもともと栃木市に置かれていたことをご存じだろうか。

一八七一（明治四）年七月、廃藩置県により「栃木県」と「宇都宮県」が設置された。ところが、それから二年後の一八七三（明治六）年、両県は統合されて宇都宮県は廃止され、栃木県庁は栃木町（現・栃木市）に置かれることになった。理由は、新しくできた栃木県全体を俯瞰《ふかん》したとき、栃木町がほぼ県の真ん中に位置していたからである。

この決定を不満に思ったのが宇都宮町（現・宇都宮市）だ。人口やインフラ、商業面において栃木町に勝っていたのだから当然だろう。実際に県庁所在地が栃木町になると、官庁や学校、銀行などの公的施設がそちらへ集中しはじめ、宇都宮町をしのぐ勢いとなった。これに危機感を持った宇都宮町は、県庁移転の誘致運動を開始させた。

とくに一八七六（明治九）年には、上野国三郡が栃木県から群馬県へと編入されたことにより、栃木町の位置が、当初県庁を置くべきとされた県の中央でなく、南西の隅へと変わっていた。つまり県庁が栃木町である理由がなくなったのである。

さらに転機となったのは、一八八三（明治一六）年一〇月、三島通庸《みしまみちつね》が栃木県令に赴任したことである。三島が赴任すると誘致運動は加速し、一八八四（明治一七）年一月二一日、ついに宇都宮町が県庁所在地に変更されたのである。

復活するも短命に終わった「宇都宮県」

晴れて県庁所在地となった宇都宮だが、県名も栃木から宇都宮に変更されていた時期がある。『宇都宮市史』によると、県庁移転から三日後の二四日、県令代理の片山重範《かたやましげのり》の名の下で「今般宇都宮県と改称相成候」との布告がなされた。しかし、不思議なことに二月一日には県名改称の布告は取り消される。理由は定かではないが、宇都宮県が復活したのはわずかに一週間ということになる。

表向きは宇都宮県はなかったことにされてしまっているが、「栃木新聞」の一月二六日と二八日に掲載された中学校の生徒募集広告には、栃木県第一中学校ではなく、宇都宮県第一中学校と記されており、たしかに「あった」ことを伝えている。

※左記の文献等を参考にさせていただきました。

《取材協力》

東武鉄道株式会社／板橋区／練馬区／深谷市／朝霞市／大谷町／川越市建設協会／塩谷町生涯学習センター／嵐山町観光協会／龍江院

《参考文献》

『豊島区史　通史編4』豊島区史編纂委員会（豊島区）／『写真は語る総集編　第77集』板橋区企画部広報課編（板橋区教育委員会社会教育課）／『足立の仏像』『ブックレット足立風土記1』、『ブックレット足立風土記2』足立区立郷土博物館【編】（以上、足立区郷土博物館）／『宇都宮市史〈第7巻〉』『宇都宮市史〈第8巻〉』宇都宮市史編さん委員会（宇都宮市）／『志木市史　通史編下』志木市（志木市）／『東武鉄道百年史』『東武鉄道六十五年史』東武鉄道株式会社（以上、東武鉄道株式会社）／『板橋区の歴史』萩原竜夫ほか、『足立区の歴史』足立史談会（以上、名著出版）／『埼玉県の歴史散歩』埼玉県高等学校社会科教育研究会歴史部会【編】、『栃木県の歴史散歩』栃木県歴史散歩編集委員会【編】、『県史9　栃木県の歴史』阿部昭ほか、『スカイツリー下町歴史の散歩道』東京遊歩連【編】（以上、山川出版社）／『東武線全駅ぶらり散歩』『東武鉄道の世界』（以上、交通新聞社）／『新・鉄道廃線跡を歩く2』今尾恵介【編著】、『私鉄の廃線跡を歩く2』寺田裕一、『東武デラックスロマンスカー　1720系と東武特急の歩み』花上嘉成（以上、JTBパブリッシング）／『東京地名考〈上〉〈下〉』朝日新聞社、『週刊　私鉄全駅・全車両基地〈07〉〈08〉』（以上、朝日新聞出版）／『東武日光線各駅停車　日光路いま・むかし』生島二郎、『東武東上線各駅停車　武州いま・むかし』東上新聞社ほか【編】（以上、椿書院）／『東武東上線歴史散歩　史跡をたずねて各駅停車』日野彰生、『東武線歴史散歩　史跡をたずねて各駅停車』伊藤大仁（以上、鷹書房弓プレス）／『全国鉄道事情大研究〈群馬・栃木篇〉』川島令三、『怪しい駅懐かしい駅　東京近郊駅前旅行』長谷川裕（以上、草思社）／『角川日本地名大辞典9』『角川日本地名大辞典11』（以上、角川書店）／

『図説街場の鉄道遺産〈東京２３区編〉』松本典久（セブン&アイ出版）／『元気を乗せて東武は走る』森彰英（日本能率協会マネジメントセンター）／『地域の今昔見たり聞いたり調べたり』安藤義雄（史談文庫）／『北豊島郡総覧』大正毎日新聞社（北豊島総覧社）／『北豊島郡紳士録』（大正毎日新聞社）／『埼玉ふるさと散歩〈日光道・古利根流域編〉』秋葉一男【編】（さきたま出版会）／『野田のトリビア１００　水と醤油と歴史の町』野田のトリビア編纂委員会【監】（プレジデント社）／『東武伊勢崎線・日光線街と駅の1世紀』山下ルミコ（彩流社）／『首都圏鉄道完全ガイド〈主要私鉄編〉』（双葉社）／『関東の名城を歩く〈北関東編（茨城・栃木・群馬）〉』峰岸純夫ほか【編】（吉川弘文館）／『千葉県謎解き散歩』森田保【編著】（新人物往来社）／『鉄道未完成路線を往く　生まれなかった幻の鉄道路線』草町義和（講談社ビーシー）／『環状線でわかる東京の鉄道網』藤本均（たちばな出版）／『鉄道「歴史・地理」なるほど探検ガイド〈大都市圏・新幹線版〉』川島令三ほか【編著】（ＰＨＰ研究所）／『鉄道の基礎知識』所澤秀樹（創元社）／『鉄道の地理学　鉄道の成り立ちがわかる事典』青木栄一（ＷＡＶＥ出版）／『私鉄電車ビジュアルガイド東武鉄道』東武電車研究会（中央書院）／『読売巨人軍75年史』読売巨人軍75年史編纂委員会【編】（読売巨人軍）／『鉄道ピクトリアル〈２０１３年10月号〉〈１９９７年12月増刊号〉』（鉄道図書刊行会）／『消えた駅名　駅名改称の裏に隠された謎と秘密』今尾恵介（東京堂出版）／『地図と愉しむ東京歴史散歩〈都心の謎篇〉』竹内正浩（中央公論新社）／朝日新聞／毎日新聞／日本経済新聞／産経新聞／茨城新聞

《ウェブサイト》

総務省／国土交通省関東地方整備局江戸川河川事務所／埼玉県／板橋区／墨田区／練馬区／宇都宮市／太田市／柏市／春日部市／熊谷市／古河市／館林市／流山市／野田市／嵐山町／志木市観光協会／千葉県柏市豊町東町会／土木学会／国立国会図書館／住宅生産振興財団／川の博物館／大谷資料館／日光霧降高原チロリン村／川越まつり公式ページ／東武博物館

監 修

高嶋修一（たかしましゅういち）

1975年生まれ。青山学院大学経済学部准教授。専門は日本経済史で、とくに近現代の都市史・交通史を研究テーマとする。著書に『都市近郊の耕地整理と地域社会』、『西日本鉄道百年史』（共著）などがある。

※本書は書き下ろしオリジナルです。

じっぴコンパクト新書　275

東武沿線《とうぶえんせん》の不思議《ふしぎ》と謎《なぞ》

2015年11月28日　初版第1刷発行

監　修……………………高嶋修一
発行者……………………増田義和
発行所……………………実業之日本社
〒104-8233　東京都中央区京橋 3-7-5　京橋スクエア
電話（編集）03-3535-2393
（販売）03-3535-4441
http://www.j-n.co.jp/
印刷所……………………大日本印刷株式会社
製本所……………………株式会社ブックアート

©Jitsugyo no Nihon sha.Ltd 2015 Printed in Japan
ISBN978-4-408-11159-9（学芸）
落丁・乱丁の場合は小社でお取り替えいたします。
実業之日本社のプライバシー・ポリシー（個人情報の取扱い）は、上記サイトをご覧ください。
本書の一部あるいは全部を無断で複写・複製（コピー、スキャン、デジタル化等）・転載することは、
法律で認められた場合を除き、禁じられています。
また、購入者以外の第三者による本書のいかなる電子複製も一切認められておりません。